图1 作者站食指挑眉桩

图2 作者的老师常志朗先生（左三）、师弟李凤林（左四）、友人于启武（左五）、弟子王剑（左一）、作者本人（左二）

图3 作者与弟子周勇

图4 作者演练刀法试力

图5 作者与弟子张浩

图6 弟子焦永江（左一）、友人杨东（左二）、作者妻子（左三）、作者（左四）、张延庭（左五）

图7—图8 作者演练推拉试力

图9—图11 作者演练炮拳试力

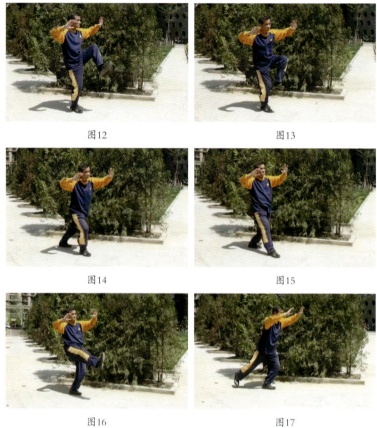

图12   图13

图14   图15

图16   图17

图12—图17 作者演练蛇形步试力

图18 作者站独立桩   图19—图20 作者站降龙桩

李荣玉 著

走近王芗斋

解析大成拳技击术

人民东方出版传媒
People's Oriental Publishing & Media

东方出版社
The Oriental Press

推荐序
以打服人还是以理服人？

　　王芗斋是中国武术史上一颗璀璨的明星。他以其技折服了当时世界诸多武术高手，然而后人多津津乐道的是王芗斋把某某打赢了，很少有人去探究他为什么能够达到那样的技击水平，他是怎么训练出来的。王芗斋给后人留下了一个不解之谜。

　　常志朗先生（作者的老师）陪伴王芗斋先生八年时光，吃住都在一起，在王老的亲炙之下，亲证了王老身上的神秘的劲儿。这股劲儿是中华传统武术有别于其他任何一项体育运动所独特的地方，也是中华民族的老祖宗留下来的旷世瑰宝！王芗斋曾说过一句话："故宫拆了能重建，这门绝学要是失传了，就再也没有了！"所言不虚！一时胜败在于力，千秋胜败在于理。这个理就是中华武术的魂魄！这个理在李荣玉先生的著作问世之前，世人恐怕知之甚少。李荣玉先生酷爱武术，从学于多位名家，然心中始终有个未解之谜，即究竟什么是中华武术。李荣玉先生从学于常志朗先生八年时光，体悟到了王芗斋、常志朗身上所具备的劲儿，如禅宗开悟，顿了乾坤，当其再次阅读《大成拳论》，文字之下所藏真意心领神会。

李荣玉先生心怀天下，把为其弟子讲解的《大成拳论》整理成文字，即此书的第一部分内容。读者朋友可能看过很多人的《大成拳论》的讲解，但是你会发现它们大多雷同；而你在看了李荣玉先生的讲解后，第一个感觉就是耳目一新。为什么？因为李荣玉先生得到了那个中华武术的根，也就是王芗斋、常志朗先生身上所特有的劲儿。此书第二部分是技击原理，第三部分为答疑解惑，读者朋友阅之，定有振聋发聩之感。文字所现之般若，皆为世面上武术著作所无。此书和李荣玉先生的第一部著作《走近王芗斋》都旨在告诉世人，究竟什么是中华传统武术，不是以打服人而是以理服人！此两部著作必将成为中华民族历史长河中的里程碑，因为它们向世人展示了中华民族特有的一种武道文化！从这个角度来说，李荣玉先生不但以身验道，同时是唯一一位以文字形式向世人证道的。如果没有李荣玉先生的文字般若，世人恐怕听都听不到什么是真正的中华武术。有了李荣玉先生的著作，读者朋友就会明白王芗斋身上的功夫究竟是什么，应该怎么去练。从这个角度讲，李荣玉先生挽救了濒临失传的中华武术，可谓厥功至伟，德莫大焉！

张 浩

自序

我于 1958 年（6 岁）至 1960 年随家父学习形意拳（家父的老师是李星阶）。

1961 年至 1963 年，随父亲的朋友陈子江先生学习形意拳（陈是尚云祥的弟子），随宋志平老师学习少林拳（在东华门武术社）。

1967 年至 1969 年，随朱云行先生学习形意拳（朱是定兴县朱国福、朱国禄的后代）。

1974 年至 1979 年，学习意拳，曾受过多位老师的指导，按先后顺序，依次为：关维林先生（姚宗勋先生弟子）、张鸿诚先生（姚宗勋先生弟子）、金启庄先生（王斌魁先生弟子）、崔有成先生（王斌魁先生弟子）、王斌魁先生（王芗斋先生弟子）、姚宗勋先生（王芗斋先生弟子）、许戍海先生（姚宗勋先生弟子）。

1980 年至 1989 年，随常志朗先生练习大成拳（常是王芗斋先生弟子）。其间，接受过卜恩富先生和王选杰先生的指导。

在追随常先生习拳八年多的日子里，我的最大收获是：第一，系统学习了芗斋老先生传下来的"站桩"；第二，常先生经常给我讲芗斋老先生在教他练拳时的原话，并经常给我演示、模仿老先生在教学时的动作。这是非常重要的环节，使我大受启发，促使我逐渐地走近了王芗斋，理解了芗斋老先生的拳学。

通过八年多系统地站桩，我深深地认识到，芗斋老先生是一位伟大的拳术家！他的伟大之处在于把中华武术的站桩继承并传了下去。换句话说，是把中华武术继承并传了下去。老先生的拳学思想是复古，追求明朝以前的练法，去伪存真，丝毫不创新。用他自己的话说就是"切志倡拳学，欲复古元始"。这本《走近王芗斋——解析大成拳技击术》，是我用几十年的时间追随中华武术后发出的肺腑之言。为什么我的书以"走近王芗斋"为名？因为这是我发自内心的感受，是自然形成的。

通过八年多系统地站桩，我认识到，中华武术的失传主要源于站桩功的失传。桩是中华武术的筋，是中华武术的魂。我们只要把站桩传承下来，中华武术就不会失传。

通过八年多系统地站桩，我明白了什么是中华武术的

"技击"。只有通过站桩获得搏斗的能力，才能称之为"技击"，而用其他任何方法获得的"打"或者打的能力，都不能称之为技击。两种方法是有本质区别的，书中将详细论述。

通过系统地站桩，我深深地认识到，桩是拳之纲，纲举则目张。

本书主要根据我近四五年教学时的录音整理而成，所以不免有一些对学生说话的语气和口头语。出于各种原因，也无力更改，望读者谅解！

参与整理工作的有张彦廷、杜欣、侯志强，他们投入了大量的精力，特此表示衷心的感谢！

由于本人文化水平不高，著书质量势必有限，但信息量足够大，能够满足致力于研究中华武术人士的需求。

最后，希望能"留惊鸿爪影于雪泥中寻之"。

2021 年 6 月

目录

第二部分　技击原理28条

第三部分　释义与答疑

第一部分

《大成拳论》十七讲

20世纪50年代，常志朗先生住在老先生家（老先生是王芗斋在本书里的专用尊称）学拳。老先生的观点是"拳不能著书，更不能照拳谱练"，因此家中没有一本拳谱。常志朗先生是通过老先生日常教拳时的动作示范及言谈话语了解老先生拳学思想的。其间，常先生拿回来一本署名王芗斋的《大成拳论》(《大成拳论》又名《拳道中枢》，以下简称《拳论》）手抄本，回家后问老先生："这不是您写的吗？"老先生说："不是我写的，是别人写的。他们给我看了，我不太满意。他们说让我写个满意的。我说，算了，就这样吧。"这是《拳论》的来龙去脉。《拳论》中的语句虽然基本上是老先生说过的，但是，执笔人是根据自己的理解整理编写的。所以，书中所述不一定是老先生的本意。

我在解释《拳论》时，有些地方与原文原意不太一致，这是需要广大读者特别留意的。

第一讲　自志

"自志"的具体内容有五方面。

第一，"拳道之大，为民族精神之需要，学术之国本，人生哲学之基础，社会教育之命脉。其使命要在修正人心，抒发情感，改造生理，发挥良能，使学者神明体健，利国利群，故不专重技击一端也。若能完成其使命，则可谓之拳，否则是异端耳"。

这是老先生拳学思想的重要部分，阐明什么是大成拳，是从哪儿来的。

中华民族发端较早的是武学文化，就是武术。"开辟首重武，勿以小道视，学术始于此，无长不汇集。"最早的学术是武术，中国人先有、先学的是武术，先研究的也是武术，由此发端，其他学术在其后。

老先生虽然说，不专注技击一端，但是拳道武术实际上是为了生存，以命相搏，保家卫国的。在上古社会，生存是第一位的，部落家族的人要活下来，要保护氏族部落的生存，才能再发展其他的事业，否则，别人要是打你怎么办？所以说，拳道武术一开始就是为了技击。如果展开讲，要研究的东西就多了。首先要有一种尚武精神，在缺吃缺喝、缺穿缺住的情况下，人类为了生存，要有尚武精神，在武力保护下，才能静下来研究人类生存吃喝拉撒睡这点儿事儿。尚武是生存的需要，所以说拳道是学术之国本、人生哲学之基础、社会教育之命脉。

人生存下来，要有粮食吃，还要有工具从事工农业生产，因此什么都要学，什么都要干。不只是保家卫国，包括吃穿，繁衍后代，如何培养孩子长大，让子孙后代一代一代继承下去，活下来。围绕着生存，不管是粮食也好，还是蔬菜也好，这都属于农业；咱们穿衣裳，或者打仗，制作刀、枪，这属于工业；之后还要改变人的生理，让人身体健康、头脑聪明，比其他种族更有竞争优势，这既是学术，又是文化。所以说，拳道武术是教育之命脉，它能改变人的生理，使人能够发挥良能，神明体健。

大成拳是中国的古代武术，是一代一代流传下来的。到了今天，咱们管它叫大成拳。它不是体育项目，虽然国家有关部门的人，有一段时间想把大成拳发展成一个体育项目，但它不是，绝对不是！用我的话说，拳道就是中国的第一文化。大成拳不是某个学科，它具有科学性。

老先生说，大成拳能涵盖人生哲学之基础、社会教育之命脉，还能修正人心，是学术之国本，是中华民族精神之需要。它能改造人的生理，使人神明体健。用大白话来讲，"身体好，聪明，综合素质高"。

老先生说："人啊，他有什么仗着什么。"武术是诞生于中国的较早的文化，可谓首屈一指。中华民族不管什么学术研究都跟拳道武术有关。中华先民在对武术研究深入后，并对天地人有了一定认识，才考虑造字。造字是人类文明的一大进步。在造字的时候，武学已经有很高的水平了。所以，古人在造字时肯定会参照武学。从古时候开始，中国人便将武学传承下来，有"文人都学武，武人都习文"，一直有文武不分家的观念，这也从侧面印证了上述观点。武在前、文在后，有什么仗着什么，这是人的秉性。所以说，拳道武术是学术之国本、教育之命脉。

老先生论拳道（武术）的这段话很笼统。常先生上小学的时候，吃住在老先生家。老先生平常讲这些话给常先生听，说咱们中国武术是中国最早的文化结晶，比文字还早。老先生多次说过的这些话，是口口相传下来的。

这段原文要从拳道武术是中国第一文化、是中国最早的文化的角度来理解。早期中国人干什么都离不开拳道武术。实际上，只要你活着，不管干什么都离不开武术。尽管明朝以后武术逐渐衰落，咱也活下来了，那是因为中国人的体质基础早已经打好了。基础有了，才活下来的。如果当初更早的时候，造字之前，或者是在两三千年以前，要是没有武术，没准儿咱们这个民族还生存不了。

咱们中华民族这些人，活到现在，身体素质，包括智商，能到这么高的程度，跟中华武术有关。是中华武术改变了咱们中国人的生理，使我们拥有这种体魄和智商。不管现在练不练武术，每个人身上实际上多多少少都有中国武术的遗传基因。

第二，"习异拳如饮鸩毒，其害不可胜言也"。将武术与散打做一个比较，最大的区别是两者出现的时间不一样。武术是咱们中国的第一文化，我们老祖宗先研究的是武术。散打起源于 1980 年。

散打，凭仗的是中国式摔跤、泰国拳、拳击，现在又加上自由搏击、巴西柔术。散打凭仗的体育项目，全是引入人家的，自己没东西。散打的目标，只是想成为一个体育项目。

第三，"余……本四十余年习拳经验，探其真义之所在，参以学理，证以体认，祛其弊，发其秘，舍短取长，去伪存真，融会贯通，以发扬而光大之，另成一种特殊拳学。而友人多试之甜蜜，习之愉快，因金以'大成'二字名吾拳，欲却之而无从也，随听之而已"。

这是介绍为什么叫大成拳。大成拳的名字是张璧（1885—1948，字玉衡，河北霸州人，早期同盟会会员，在辛亥革命、"二次革命"、反袁护国战争中有突出表现。当时有"南胡汪、北二张"之誉，是民国初期的风云人物）起的。老先生说人家管这套拳法叫大成拳，他也没什么好说的，虽然拳论中是这么记述的。但是，常先生跟老先生吃住在一起很多年，感觉实际的情况不是这么一回事儿。

中华人民共和国成立以后，一些老先生的学生，曾把这套拳叫成"意拳"。他们解释说，大成拳是集太极、八卦、形意等各门派之特长，叫大成拳不合适，会把别人得罪了，还是应该叫意拳。也可能新中国成立前叫过意拳，但是新中国成立以后老先生不愿意叫意拳，还是把这套拳叫作大成拳。为什么叫大成拳呢？老先生解释说，这拳是集一拳一腿的打斗，还有动物的特性，以及锻炼筋骨的功效，就是把佛家的《洗髓经》《易筋经》中的锻炼筋骨和中国的站桩结合起来，才形成了一个完整的站桩体系。所以，这套拳叫大成拳，是这么个"大成"，历经三个阶段发展而来。

大成拳历经三个漫长的阶段，唐朝时已经成熟。总的来说，老先生讲的拳道，包括形意、太极、八卦、少林等，只要是中国武术，都可以被称为大成拳，也就是说太极拳也是大成拳，形意拳也是大成拳。

老先生说中国武术应该叫大成拳。当年老先生认为拳道不应该分派，不应该分什么太极、八卦、形意！大成拳就是武术！武术只有正确跟不正确之分，练对了，就是拳学、拳道、中国武术，大成拳是"集天下之大成"的意思，有东方的、西方的，有动物的、有人的。

老先生说大成拳指的是中国拳道、拳学、武术，不是他创立的拳。老先生说，他的拳是从前人传承来的，他的师父是形意拳大师郭云深。老先生还跟别人学过少林拳，跟恒宽、恒林的师父学的。形意拳是武术，武术从前是不分派的，武术应该都是一派。由于练得不对，才分出派来。分派，就是不对了。

1949年以后，关于大成拳的名字，常先生听到的也是两种意见，其中一种意见也想叫"意拳"，据常先生对老先生的了解，其本意肯定是想叫"大成拳"，而不愿意叫"意拳"。常先生跟老先生学习期间，老先生有几年把他的拳叫"站桩功"，或叫"大成拳"，后期叫"站桩功"的时候多一点。

笔者师从常志朗，常先生是跟老先生学的，听从老先生的意思，因此就将这套拳叫作"大成拳"。

此外，笔者认为，根据中国武术当下的状况，应该称其为"站桩功"。因为中国武术的失传，主要是站桩的失传导致的。为了给国人一个警示，笔者提出，中国武术就是站桩，应该叫"站桩功"。获得武术这个内劲儿，最主要是以站桩作为基础。从练武过程的角度来讲，以前咱们老一辈人就是站桩；虽然现在的人不站桩，各门各派都不站桩，部分人想站也不会站。为了凸显其重要性、紧迫性，应该将这套拳叫作"站桩功"。

以上是《拳论·自志》中解释这套拳为什么叫大成拳。这个拳核心就是站桩，要重视站桩、突破站桩，把站桩弄明白。如果站桩能站出来，你就能理解拳道武术，能把中华武学继承下来了。站桩要是站不出来，那中国武术就失传了。笔者常常说的一句话是："桩是拳之纲，纲举目张。"

第四，"今夫本拳之所重者，在精神，在意感，在自然力之修炼。统而言之，使人身与大气相应合；分而言之，以宇宙之原则原理为本，养成神圆力方，形屈意直，虚实无定，锻成触觉活力之本能。以言其体，则无力不具；以言其用，则有感即应"。

练大成拳一定要把桩站出来。桩一站出来，就懂拳了。老先生常说："把桩给站整了。"不动的时候也有劲儿、有力，而且还是放松的，这就是整了。能站到那份儿上，就是自然力，同时又是对精神意感的锻炼。把桩站整了，人与大气相应和就有了。

什么是与大气相应和？就是站桩站在那儿，像被"活埋了"似的，不能动，动不了，一动就得使劲、用力。不用力动不了，像是被捆住了；要动，就要较劲儿。别人摁着不让动，动就得用力，用力就有阻力感，空气中存在着阻力。

"神圆力方，形屈意直"是站桩的一种境界。什么叫"神圆力方"？"神圆力方"的基础是先把自己的力练整。什么叫整？整就是在不动的时候也有力，而且力还是松的，具备有感即应、一触即发的功能。站桩达到这个程度时，再与人交手，两股力量相接触的瞬间就能感知对方来力的方向。来力是竖力，我用横力应；来力是横力，我用竖力应。瞬间变力！竖力变横力，横力变竖力，给出去，形成反写或倒影的"L"（本书后面章节中有详解）。此时，从某个角度上说，力是方的，而从熟练的程度来说，它的感觉又像是圆的。这就是"神圆力方、一触即发、有感即应"。

站在这儿不动的时候有力，力又是松的，这时感觉力既是方的，也是圆的；觉得力是圆的，再仔细一琢磨，这力又是方的，力圆力方！神圆力方就是力圆力方，那是意，也是神，神是力的外在表现。神跟意是一回事儿，意跟力也是一回事儿。形屈意直也是，咱们站桩，外形姿势全是曲的，而形全是弯的，但力是直的，意直就是力直，直的力就是意，是很快、很直的。虚实无定就是中力，这力在中，就虚实无定了。练成触觉活力之本能，以言其体，则无力不具；以言其用，则有感即应，一触即发。站桩站整了，"站着不动有劲儿是松的"，站到这种状态，就能有感即应，一触即发，这就是触觉活力之本能。老先生说这段话，是想告诉后人，桩站整了，这些感觉就全出来了；也可以说，你这些感觉全出来了，就证明你站桩站整了。

站桩太重要了！站桩上要下大功夫，突破了，你就明白这说的都是"整的"。

站桩是在改造人的生理。生理改造到一定程度就出这些东西了。他说的改造生理，实际上是技击的基础。谈技击就得有这些东西才行。你没这些东西谈什么技击？所以说，就得站桩，必须得把这些东西站出来，才叫懂桩，才能往下传。要不然，你身体里这些东西出不来。说白了就是力，力出不来，你怎么能懂桩呢？怎么能传拳呢？怎么能技击呢？总之一句话，站桩，站桩，还是站桩！

我再解释解释，什么叫触觉活力之本能，什么叫有感即应、一触即发，什么叫虚实无定。通过站桩，站整了，在技击的时候，对方一碰你，就跟碰到电钮似的，就出去了，对方借着自身的力就出去了。一接触，对方哪儿没劲，就往哪儿走。对方出竖劲时横处无力，对方出横劲时竖处无力。就跟水一样，水往低处流，咱们这劲儿就往对方没劲儿的地方走。老先生传下来的拳，技击时没有方法的，没有套路的。你打我，我和你一接触，就知道力该往哪儿走，我就知道我该怎么做。这是你教给我的，你告诉我怎么做，你一出力，我就能感觉到你的虚实，我就自动奔你那个虚的地方走。

还有一个"中"的问题，要沿着中线走。因为我的鼻子跟你的鼻子，咱俩互相看着，你看着我，我看着你，我的鼻子跟你的鼻子是一条直线。我就顺着这条直线走，就在这条直线上让你不得劲儿，我往你不得劲儿的地方走，这是水往低处流的道理。对方横力为虚，就出竖力打击对方为实，反之亦然，这叫"虚实无定"。

第五，《拳论·自志》最后要把握的三个关键语句。

第一个关键语句，"非问世之文者比也"，不是给初学者说的，而是给有一定拳学造诣的人来阅读的，初学者不适合看。"非问世之文"就是这个意思。

第二个关键语句，"只得以留惊鸿爪影于雪泥中寻之"。

第三个关键语句，"余因爱道之诚，情绪之热，遂不免言论偏激，失之狂放，知我罪我，笑骂由人"。

后面两个关键语句，在笔者早期看《大成拳论》时，一到这儿，基本就不看，现在对此反而特别有体会。自教拳以来，原封不动地照搬，教老先生这个拳时，所说的、教的，是绝大部分人不认可的，特别费劲，经常遇到顽强的抗拒。每当这种时候，不知道为什么，就会一下子想到老先生"留惊鸿爪影于雪泥中寻之"这句话。在本书写作过程中，脑海里也总是闪现它，到现在也不知道为什么，总想着这句话。抵抗也得教，再难也得教，就为了传承大成拳。一想到这儿，就又想起另一句话，"知我罪我，笑骂由人"。

笔者为什么总想起这两句话？因为在教拳的时候遇到过顽强的抵抗，所以也是在艰难传承，忍着痛在教。我也知道反对的人、骂的人特别多，所以说，"知我罪我，笑骂由人"。

笔者在教拳的过程中，觉得非常艰难！不管你接受不接受，我就是"留惊鸿爪影于雪泥中寻之"，是给后来人留的。肯定有人需要，因为它是金子，是好东西，总有人会挖掘它，所以笔者就有这个决心，一定要留下这个东西。不管现在社会接受不接受，将来肯定会有人接受。在这个世界上，中国这么大，地球更大，像笔者这样的人不可能只有一个。总之，笔者接受老先生的拳学思想。笑骂由他吧！骂，也得教，再艰难也要传承老先生的拳学思想。

为什么教这套拳会这么难？这是有原因的。明朝的学校还在教文又教武，从清初开始，国家就重文抑武，把武抹去了。后来学校只教文不教武，没有公开传承了。民间人士传承这些中国武术时，为了生计，将其发展成套路了，用套路来抵消站桩。毕竟套路容易吸引人，站桩不容易吸引人。

老先生经历了两个阶段的抵抗。第一个阶段是套路，是中国武术以发展套路来抵抗站桩的阶段。第二个阶段是打、私斗等抵抗站桩。经历过这么两个阶段的顽强抵抗，但是老先生的拳也传下来了。他最后教了常志朗，常志朗教会了笔者。

笔者在传承这套拳法的时候，也遇到了抵抗。第一是私斗，以私斗来代替站桩，认为中国武术的正宗是私斗，不是站桩。第二是公战，散打、擂台赛，这属于公开的、国家允许的，叫作公战，国家提倡以擂台赛或者散打来抵抗站桩。

笔者在六十年习武生涯中，边练拳、边识别真伪，经历过"套路""私斗"，还有现在的"公战"三个阶段。把这三个习武方式都排除以后，才选定了站桩，这是"练"。

再说"教"。现在社会上对"套路"好像不太认可了，认可私斗、公战、擂台赛等，尤其是把中国武术引向了擂台赛。从国家层面到民间层面，都想把武术引上擂台赛。其实，站桩才是中国武术的精髓。

擂台赛是打，全社会乃至国家都认为擂台赛就是中国武术，中国武术必须走向擂台去打。这是外行人的说法，拳道武术不是如此肤浅的，如此没有知识文化内涵的。现在练武术的人对这些甄别不清。

笔者在传承站桩的时候遇到的最顽强的抵抗，指的就是这个。

想到老先生的这几句话，像是有心灵的感应，所以又揣摩了一番，但也不知道解读得对不对。原以为老先生这么大名气，会很轻松。其实现在感觉他当时并不轻松，他在传承自己思想的时候也遇到了最顽强的抵抗。要不然，《拳论·自志》不会无缘无故写这些话。老先生是有感而发，说的是心里话。

笔者此时也想说老先生几十年前说的这些话——笑骂由人！

第二讲　习拳述要

这一讲主要有以下几个方面意思：

第一，"虽有一般明理之士，咸表同情，而大都仍是庸俗愚昧，忍心害理，尤其信口诋人，此真不齿，故终不免诸多衔怨者"。这是在说，教拳过程中，遇到困难、遇到阻力，遇到顽强的抵抗了。

第二，"按拳道之由来，原系采禽兽搏斗之长，象其形，会其意，逐渐演进，合精神假借一切法则，始汇成斯技"。这是在说拳道的由来。一笔带过。

第三，"力和意"，是在讲重点。

明白了力和意，这拳才能往下练。教拳时，重点讲的是力和意。

"用力则滞，用意则灵之说，询其所以，则又瞠然莫辩。用力则筋肉滞，而百骸不灵，且不卫生，此故然矣。然在技击方面言之，用力则力穷，用法则术罄，凡有方法便是局部，便是后天之人造，非本能之学也。而且精神便不能统一，用力亦不笃，更不能假以宇宙力之呼应。"

"用力则滞，用意则灵"这句话中的"力"是指抡力。抡力又叫"拙力"，就是一出手一大片，好比手里拿一块砖头要砍人，大致瞄着人，不太精确，一甩手把砖头扔出去了，北方话叫"砍砖头"。这里的"意"，就是咱们说的那个力，那个"争力"。站桩要站出这个劲儿。什么劲儿？就是不动的时候要有劲儿，有劲儿的时候还是松的，松紧同时存在，这时候的力就叫"意"。

在这里，意是不动的力，然后又说到技击，都是老先生说过的话，整理者记录得有些乱，一会儿这儿，一会儿那儿。

在技击方面"用力则力穷，用法则术罄，凡有方法便是局部，便是后天之人造，非本能之学也。且精神便不能统一，用力亦不笃，更不能假以宇宙力之呼应。其神经已受其范围之所限，动作似裹足而不前矣"。这一段是重点。

这谈的是意（意力）在技击当中的运用。一说到技击，话题就很深。这里讲的是技击的一个方法论的问题，一个用力的问题，要用意，用咱们那个不动之力。技击一定得用这个力。

怎么用呢？这力必须得练到什么程度才能用呢？"不期然而然，莫知至而至，有感即应，一触即发"，这是用力的原则，而且一定是通过站桩，把这力练出来的。力就是意，要把这意站出来。这个意在技击中必须能够"有感即应，一触即发"。你跟我一接触，就像是你让我打你似的。我像电钮，你一碰到我，我就能出击。这是意在技击当中的运用。

现在人讲技击时，一般都是讲力，很少讲方法。因为如果练不出力，讲方法就为时过早，你听不懂也没什么用。因为今天要解释拳论，老先生明明提到方法了，所以不得不解释。他说："用力则力穷，用法则术罄，凡有方法便是局部，便是后天之人造，非本能之学也。且精神便不能统一，用力亦不笃。"他还有一句话，在后文中有，叫"拳本无法，有法也空，一法不立，万法自容"。

技击本身是没有方法的。为什么呢？老先生说："用法则术罄。"比方说，如果我有十种方法，十种方法要是用完了，就没招了；即使我有一万种方法，如果这一万种方法都用完了，又没招儿了。法总有尽的时候。所以说，咱们拳术的技击，应该是没有方法的，如果有方法，就一定有数，总会有穷尽的时候。你要是没有方法，就是"一法不立，万法自容"。没有方法！我这些方法是临机应对而来的。

老先生说，没有方法，但是有原则。不过，这个原则在你站桩还没有达到"不动的时候要有劲儿，有劲儿的时候还是松的"的程度，讲了原则，你也不见得明白。这些话笔者平时不愿意讲，今天硬着头皮讲讲，懂不懂就看读者们的造化了。

这种原则就是练法。首先是"搭手"，其次是"守中、用中、夺中"。

搭手怎么练？搭手也得有功夫，要想有功夫就一定要站桩，然后结合站桩练搭手，同时站桩不能停。练搭手时，一开始练单搭手，之后再练双手同时打轮。单搭手就是单手打轮，左手打轮和右手打轮，两个手要轮流打，还要打得多。多打轮能打出拳性来。

搭上手后，单手的要求就是"点紧身上松"，就是局部给他力，在搭手这个点上给他力，然后你自己是松的。这些要有功夫的支撑，要有站桩的支撑。打轮，一定要打熟了，如果闭着眼也能搭手，就是熟了，有拳性了。拳性特别重要，有了拳性，将来在技击当中才不会吃亏。

搭手是瞬间的。举个例子，如果别人"砰"的一拳打你胳膊上了，你一晃悠，就失去重心了。一失了重心，就没有还手的能力了，你这拳便出不去。对方没有了威胁，很安全，第二拳就跟着来了。又是一拳，你拳又出不去；对方第三拳又来了……最终你被打趴下了。为什么你的拳出不去？因为没有咱们大成拳的这个"意力"，没有咱们这不动的力。

力大打力小。对方比你力大，他给你一拳，你防不住，破不了他这拳。力大的拳，谁也治不了。

只有中国武术真正意义上的力才能破它。咱们老祖宗研究出的那一种力，就能破他的拳。这个力是不动的力——站桩站出来的这个力。在化解重拳的时候还需要拳性好，搭手搭熟了，拳性就好。

力小的如何破力大的拳？对方这个拳出来以后，你刚一搂着他，在已接、未接之间，必须能听出他的横竖力，这点非常重要。你下意识一搂他，这时候你的身体就能知道他这力是奔哪儿来的，他这力的方向就被你听出来了。这时候你身上有一种本能，"敌竖我横，敌横我竖"，感觉他是竖力，我就横着走；感觉是横力，我就竖着走，把他的力给破了。太极拳把这个叫"四两拨千斤"，又叫"引进落空"；在形意拳里，这叫"起是横、落是顺，起横不见横，落顺不见顺"。老先生称之为"顺力逆行"；在少林拳各门各派里，这叫"刚柔相济"。说的都是这个道理。

双方搭上手就在一瞬间。碰上力大的时候，你本能性地"敌竖我横、敌横我竖"，一下就把他的力给卸了，让他落空，感觉没打中，好像打到了一个圆球。打圆球特别费劲，老打不到中线。打不到中线就滑，他感觉打滑了，打不瓷实。力整了以后，你的中线跟刀刃似的，特别窄，不容易打上，这是一环套一环的。他就算能打上，你一转他也就偏了，打空了。

要想把中线练得跟刀刃似的窄，就得"整"。"整"是站桩站出来的，站出了这个不动的劲儿，大约有五六十个劲儿，这整体感就出来了；如果有六百多个劲儿，就特别整了，就够用了。你可能有五六十个劲儿，整体概念出来了，但是不够用，用的时候用不好。你要是有六百多个劲儿，没准儿就能用了。

与"整"相对的是散。当你还是散的时候，你的中线是一大片，很宽。这中线可能是半尺，打你中线就特好打。老先生的身体就特整，他的中线特窄，刀刃似的，对手打他，一打就打秃噜了，老先生重心没动，他的拳就能出去。

这劲儿有一个本能，只要对方这一拳打秃噜了，就会"引进落空"；后边还有"合即出"呢！他只要一秃噜了，我这拳本能地就顺着他那拳进去了，就开始打他了。形意拳将此称为"何为打、何为顾，顾即是打，打即是顾，出手即是处"。

形意拳讲顾即是打，打即是顾。你打一拳，我一搪，是

"顾"，但是我的顾就是打，只要顾上你的拳，只要你打秃噜了、落空了，我这拳就自动出去了，不用想，是本能。整力必须得有这个本能才行，只要"引进落空"，就出去了，"合即出"。"出手即是处"，出手就是目标，出手就奔着你的"中"，具体地说就是你的鼻子和眼，"即是处"说的就是这儿。因为打人就是打鼻子跟眼，一出手就是这儿。

形意拳讲的这个道理，如果换作枪，就是枪法，在战场上就是搭枪。我端着枪，你也端着枪，肯定是枪先接触。搭上枪，就是横竖力的比拼。一枪进去，一枪毙命，就是一招制敌。实际在战场上是怎样的呢？两人一搭上枪，你横他竖、你竖他横，老在横竖之间找。你用不上劲儿，老在他后头，还没用上劲儿，就一枪给扎死了，这就叫技击。说起来这么热闹，其实，横竖就是一下子的事儿。从时间上算，可能连一秒都不到就见生死了。这是技击，是力跟方法的混用。

这方法是可以练的，而且也必须练。刚才咱们说的搭手跟力同时用，就是那个效果，是结果。

这个怎么练呢？第一，单手打轮，要做到"点紧身上松"，能听出对方的横竖力，这叫拳性。第二，学会指中，就是用手指对方的"中"，指他鼻子或者眉心。指中要能指得住。你指的中，而且要让对方拨不出去。对方要挡的时候，"敌竖我横、敌横我竖"，老错着。练这横竖力的转换，转换得越快、越熟越好。指中要指得住，就靠横竖力的转换，要转换得自如，做到自然而然就好了。

指人指得住以后，还得练发力。发力不是像一般人所说的什么冷、脆、快，不是那个一松一紧式的发力，那不是老先生传下来的大成拳的发力。发力就是你要指中，指中时横竖力转换得好、转换得快。你比对手转换得快，这就是拿。在拿住了他的情况下，要上步，就是手要往他身上搋，首选是胸，往他的中上走，夺中。夺中时，也可能把他扔出去，也可能搋到他身上，这要视当时的情形而定，这叫发力。

另外要练双手打轮。双手打轮也叫双推手，双手能互相配合，这有些复杂，哪儿都得顾上。双手同时打轮，把这圈儿画圆的时候，你哪儿都不能虚，哪儿都能控制对方，这就是方法。但是，老先生认为这不是方法，是自然本能。

搭手用什么方法呢？就是老先生说的"守中、用中、夺中"。跟人交手的时候，双方往这儿一站，这两人中间的最短距离是一道直线，这道直线就是中。我的双手就放在这条直线上，我占中。我手放在中线上，要放对了，肯定是指着对方鼻子，这就是指着中线了，这也是最近的距离，我要控制住。你要往旁边走，我不管你；你说你用摆拳打，我也不管。为什么？因为旁边是远的，你要是敢往外摆，我就直接扑，直接往前撞，那我肯定比你快。如果你要从旁边来，用摆拳打我，我就扑上去。如果咱俩天赋差上一级，我比你低一级，我也绝对扑上你了，我比你快。当然，要是差太多，比如说你那个应急反应是一流的，我的反应是五流的，咱俩天赋差得太多，那是另外一回事儿。如果我的天赋只比你差一两级，那我有方法能赢你。

守中，你首先要守住中线。你守住中线，他要想打你，想从中线进来，就必须得经过你这两手的地儿，这就很容易实现搭手。你看，所有的拳击比赛、散打比赛什么的，全有搭手，很快就会搭上手，对方一打就搭手。搭上手，就能把对方拿住。什么横竖力灵活应用，都是用来拿人的。拿住就能"守中、用中、夺中"。

这就是意、力和技击运用上的一些原则，这就是那段话的意思。

当然这些方法是原则，就跟咱们学的数学定理、公式一样，不是绝对的具体方法。这些是公式，但不赋值，具体人家用的是什么力，那叫赋值。你懂公式了，通过赋值，就能得出数来。

讲了意、力的关系，再说精神。精神是跟物质相辅相成的。咱们的修身，主要是把全身各部位都练到了，实际上是对精神的一个支撑。精神得有物质基础，只有修身，才能产生一些精神的东西。经过修身，生理得到改造了，精神才能振奋。这是精神跟物质的关系，跟修身的关系。老先生活着的时候，经常说的一句话是："物质加物质等于傻子，精神加精神等于精神病。"

精神跟物质要同步发展。锻炼了物质，就是修身；修身以后物质得到改造；物质经过改造以后，精神就会提升。精神跟物质同时得到提升，就是这么回事儿。在技击中有"五行合一处，放胆即成功"这一句话，就是精神的运用。

"放胆即成功""遇敌犹如火烧身"，这是讲精神作用。

功夫到了一定程度，精神才会好。没有物质就没有精神，你不练物质，不改造生理，成天瞎想，怎么把这山拉动了，把海给怎么了，那就成神经病了，那不是真正的精神！老先生不和学生讲精神如何好，他主要让学生练站桩、改造生理、修身。然后说，有功夫催着，这胆子就大。

老先生问，"憨"字怎么写？上面一个"敢"，下面一个"心"。你得敢，为什么敢呢？因为有功夫催着。功夫大了，生理有变化，看谁都小。老先生说，这个人功夫好了以后，比如说对方一米八，在这个人眼里就会显得小。因为胆子大了。

马为什么老实、胆小？眼睛不行。这马呀，看谁都大。比如说咱们人，本身一米七，这马可能看你是三米，所以胆子小。咱们练功夫，跟这马正好相反！咱们这个功夫好了以后，这眼睛的视力跟马正好是相反的。功夫大了，视力会有变化，看什么都小，所以胆子大。

老先生讲技击的时候，解释"技击"一词为"视人如蒿草，打人如行兵"，就是看人跟草似的，就是蹚你，指着你就上步，说的是这个。还有什么"遇敌犹如火烧身"，说跟人比划拳的时候有什么感觉呢？就好像我在屋子里，屋子着火了，要烧死我，我想出去，可是有人挡在门口不让我出去。这时候我再不出去就被烧死了，那我就把门撞开。前面有人挡着不让你出去，非要烧死你，那人是绝对挡不住的，这就是精神作用。

站桩就是修身，就是改造生理。生理改造到一定程度，人的精神特别振奋，这就是精神跟物质的关系。

我们接着讲重点。"要知用力用意乃同出一气之源，互根为之。用意即是用力，意即力也。然非筋肉凝紧、注血之力谓之力。若非用意支配全体之筋肉松和，永不能得伸缩自如、遒放致用之活力也。既不能有自然之活力……"

这一段提到几个概念，几个关键词，一是"意、力、气"，一个是"遒放自如"，还有"自然力、自然之活力"。我逐个讲，先讲意、力、气。"筋肉凝紧、注血之力"，这句中的力，是前面讲的抡力、"砍砖头"的力，拳击、散打用的力。咱们先把这个力排除，这不是咱们的拳要练的力，我就不讲了。

中国武术的力是指"意、力、气"，这是练武术的人才能练出来的力。老先生说"用力用意乃同出一气之源"，意、力是从这气出来的，这是"意、力、气"的概念。何谓意？何谓力？力就是意。站桩，站到不动的时候有力，有力的时候还是松的。我使力的时候是松的，松的时候还能使力。这才是中国武术的力，是"意、力、气"的混合。

不动的时候还能有力，这叫"意、力"，这个力指的是练拳的松紧。站桩，咱们先站紧了，紧了才能出力；出完力以后，再站又松了，就是刚才我说的那个力。紧了，紧就变成力了。站桩时，要使点儿力，不要松松垮垮。咱们紧着站，老站、老站就松了，松了以后，这紧还留在那儿，这紧变成力了。我继续站、继续站，我这力还保存在这儿，我还得等到松了，我松了还有力。用我的话说，紧变成力了，我再站，时间到了，这力又松了，松了还有力，松紧同时存在。

"抢力"的特点是，使力时，力是紧的，一松就没力了。

整力，也叫不动的力，也叫争力。使力的时候，在同一个部位，松紧是同时存在的。这是这种力的形式和状态。

其实，除了中国武术，全世界所有运动的力都是松就不能紧、紧就不能松，松紧只能有一个。你们现在都是这样，紧的时候就松不了，松了就紧不了。但是如果老站桩，我告诉你们，你们肯定能站出来，就是紧的时候同时能松，松的时候还能紧，松紧能同时存在，这就是老先生说的意力。老先生还活着的时候，大成拳内部也有争论，有人说松了就不能紧，紧了就不能松，想要紧就要先松，松完再紧。一松一紧是两个动作，就是"一、二"两下。老先生却说，松紧是一个，没有"一、二"，这是争论的焦点。

关于传统武术拳谱，岳飞著的《九要论》里说到阴阳。太极拳也说阴阳，好多拳都说阴阳，还有人说是刚柔。我为什么说武术深呢？

松紧同时存在，这就是阴阳。能够身体力行，说明咱们中国文化里确实有阴阳。咱们通过站桩就能证明这一点。

"开辟首重武，勿以小道视，学术始于此，无长不汇集。"这不是瞎说的，咱们就是最早的。练这个松紧、这个意力，挺重要的，不论从理论上还是从实践上讲，都是一个值得研究的课题，而且是很高深的东西。

通过这一点也说明，"技击是拳之末技"这句话不是妄语胡说。这些比技击实用得多，它已上升为一种基本理论，甚至是哲学思想，指导着后来人在其他学科方面的探索。其实技击现在已经不实用了。现在打仗，用不着刀枪剑棍了，全是飞机、大炮、导弹，保家卫国也用不着技击了。技击在实战上作用已经很小了，但是技击文化的作用，比如在修身养性、强国强种等方面的意义太大了。练拳、练站桩，要站出松紧，站出阴阳，是非常重要且伟大的。

意、力是阴阳，这俩合一块儿，可以叫意，也可以叫力，或者也可以叫气。这也不用分得那么清楚。

再说气，这气更复杂。什么是气，岳飞在《九要论》里对气做过描述："气生于骨而连于筋，血是气之海，肉是气之囊。"这是他说的气，"心与意合，意与气合，气与力合"，是"意、力、气"。有气就有力，气就是力；没有气就没有力。简单地说，这得了气，就有劲，身体还好，这就是咱们中国文化对气的描述。

《九要论》中提到"气灌四梢"，就是说，气能灌到毛发上，能灌到舌头上，能灌到牙齿上，能灌到十指上。十指为筋梢，毛发为血梢，舌头为肉梢，牙齿为骨梢，气能灌到这四梢。

站桩能站到气灌四梢这种程度，那是真有劲儿了，精神特别好。物质跟精神是相辅相成的，能达到统一，这是一种境界，从自己的体认中也能感觉出来。这是中国文化对气的解释。

这里，笔者还有一个看法。西方医学验血报告里的生化指标可多了，结合"气生于骨而连于筋，血是气之海，肉是气之囊"的观点，谈谈中国人对"气血"的看法。气生于骨，肾主骨；气造出来以后，往血里走。气在血里，储存在肉里头。气是血里的东西，是物质的。西医讲血里的物质，咱们也说气是血里的物质。通过对比，笔者认为，咱们中国人说的"得气"，就是血液里的这些物质，老祖宗不说那么多具体的东西，一个"气"字就全给代表了。笔者认为，现在的科学只知道目前这么多指标，血里还有别的东西目前还没发现。即使再发现了多少东西，这一个"气"字也全包括了。

"若非用意支配全体之筋肉松和，永不能得伸缩自如、遒放致用之活力也。既不能有自然之活力……"这句话说的是用意支配的力，就是站着不动的那个力。只有得了这种力，才能"伸缩自如、遒放致用之活力也"。

还有"自然之活力"，就是自然发力。这个"遒放致用之活力"呢，主要是"遒放"。关于"遒放"①，实际也是阴阳的意思。"意自形生，形随意转。意为力之帅，力为意之军"，这个"意自形生，形随意转"，是中国文化的基础，也是咱们中华武术训练的原理。

"形意"这两字就深了。形意拳为什么取名"形意"呢？这个名字一语道破天机。这个形意，也是中国人造字的原理，是中国文化的基础。老先生《拳论》中有句话——"人

---

① 遒放："遒"是往回收力的意思，"放"是往外发力的意思。

生哲学之基础"，也可以从这一层看形意。其实咱们这个世界上，好多事儿都跟形意有关系，好多文化艺术里，包括工业的生产，均含着形意。

笔者尽量把老先生说的话，知无不尽地说出来，供广大读者参考。老先生家有一幅画，这是常先生说的，这画的内容是姜太公钓鱼。一老头儿，坐着钓鱼，把鱼竿儿一扬一甩的动作画出来了。鱼竿儿使上劲儿，是弯的，这也画出来了；鱼出水面了，细看这画，鱼竿儿底下一条鱼，中间没有线，这线没画。但是你看那劲儿，这才是钓鱼呢。而且这鱼钓上来了，还挺沉，这鱼竿儿也弯了。这个意境太深了，这也是形与意的关系。

站桩你看着不动，它练的就是形意。形和意的关系是"以形取意，意自形生，形随意转"，这是修身、换劲儿的独特绝学。形跟意在世界上确实存在，它是一种物质范畴的东西，不是假的，是真的。这是形意的秘密。

老先生说，你别看现在（他指的那些练套路的）一些人这个、那个都会，但是他没见过能把一式——一个姿势练对的人。谁现在也不能把一个姿势练得完全对了，练得绝对好了。他还教育常先生说，你不要练多少式，什么三式、五式、十三式、八十四式的，不要练，你只需要练一式。你要知道这一式的道理！人这一生，如果没有高人教你，这一式你都练不好。不管是谁，即使是绝对聪明的人，就算下最笨的功夫，这一式你也练不好，这一式你一辈子也练不到家。

中国老祖宗研究出的这一个姿势，让任何人一辈子也练不到头。这一式是永无止境的东西，练五千年还没练到头，就是那么深！这就是中国文化、中国武术的魅力所在。

要是你觉得自己练得差不多了，没什么问题了，那叫什么呢？叫没入门！如果什么时候你觉得，哎哟这么深呢，我怎么差这么多呀，我觉得我这辈子再下功夫可能都练不到头了。这就入门了！这就是形跟意的关系——"以形取意，意自形生，形随意转"，要好好研究研究这句话。

笔者建议广大读者一天站两个钟头的桩，站十年，这能达到什么水平呢？就是让你"望尽天涯路"，应该这么练。

笔者再说一句，为什么说技击是拳之末技？这真不是瞎说，是有真东西的。"毛发飞涨，力生锋棱"，这是练功练到一定的程度了。"力生锋棱"是感觉到力带刺儿，能刮人。"非此不能得意中力之自然天趣"，这才是老先生题词中所指的"舒适得力"，此时是舒服的。而站桩不用力，用意，那意就是想法，用一些想法站桩。通常说的"站桩不用力"，绝对不是老先生题词中所言的"舒适得力"。什么"阳光朗照""淋浴"，等等，这不是老先生在拳论中表述的"舒适得力"。为什么呢？

首先，你肯定没得力。其次，你感觉舒服，说明你没用力也没受罪，不能说你这是舒服。

真正的"舒适得力"是这样的：第一，我得力了，我还很舒服。这种舒服，可以讲是很多人几乎没体会过的，只有站桩站到"整"的程度，站出了力，才能体会到、享受到这种舒服。

最后再谈"传拳难"。老先生说，原来他想把拳叫作"意拳"。意，就是练里头的劲儿、练内劲儿。老先生想唤醒同人，大家一般不接受，宁可抱残守缺，也不改正。通过这一段也能看出来，他传拳的难度有多大。这一段实际上是在感慨，老先生在传授大成拳、传承中国武术、传承站桩时是多么难，遭到了最顽强的抵抗。

第三讲　论信条与规守

第一，尊师、敬长、重亲、孝长。

首先要孝顺长辈。老先生对常先生说，如果你发现一个人对自己的父母不孝顺，你就别理他了。这种人不能交、不可交！连自己的父母都不孝顺，他能对你好吗？老先生特别注重孝顺父母。这层意思容易理解。

第二，敬畏。敬畏长辈、敬畏学术。

咱们练拳的，要敬畏父母，要敬畏老师，要敬畏拳。这听起来简单，在过去也确实简单；但是现在笔者觉得这不简单。记得在笔者小的时候，父亲这代人敬畏学术、敬畏老师、敬畏家长，绝大多数人做得很好，即使有不敬畏的，也是极少数。现在，不敬畏学术的人占大多数，各行各业都有，还不只是练拳的，农民不敬畏农业，工人不敬畏做工，这演戏的也不敬畏他这行当，甚至搞体育的也不敬畏体育，教书的也不敬畏自己"老师"这个名称，等等，不一而足。如果孩子觉得自己的老师对学术都不敬重，瞎讲、作假，孩子潜移默化受影响，长大以后也不敬畏学术。这个学风会给后人造成不可估量的损失。

拿我自己举个例子，如果我是不懂装懂，教你们假的，我作为老师，说假话了，做假事了，学生如果将来知道了，你说学生怎么敬畏拳术？最后，大家都作假的时候，连学术也不敬畏了，因为学术也是假的。敬畏老师，敬畏学术，这跟社会风气有关。过去说敬畏师长，那时候没假的，是真的。教拳，三四百年之前，那时候也没有假的，全是真的。

咱们老祖宗传下来那么多东西，知识、学术、文化，都是下一代跟着上一代学，一代一代传下来的，以前，尊师敬长是公认的。

国家已经意识到这种苗头了，正在纠偏。其实这也是武德！首先从传承上、从老师这都对学术不敬畏，不求真，对长辈不敬畏，大成拳是练不好的。

还有一组关键词是"信义、仁爱"，信就是诚信。武术讲诚信、不教假的。过去讲"无信不立"，行行都得有诚信，不管是农民还是工人。那些百年的老字号，你们去打听打听，都有良心、不骗人。义，讲义气，过去人很看重义气。讲义气就是平等，别人有困难的时候去帮助别人。仁爱，在过去也都不是问题，很容易做到。

为什么讲武德？其实武德说的就是，要想把武术练好，得具备什么样的心态，具备什么方法，具备什么素质，从心理到外在的行动，这就是武德。

还有"侠骨佛心"。侠骨，就是刚硬的一方面；佛心，就是善心。前面讲了老先生说练武的人得"憨"。除了讲要有胆量，胆子大；还讲要忍，能忍，不轻易做，很慎重。这就是"侠骨佛心"。

总之，老先生讲的武德，就是"学风""作风"。不只是练武，无论你学习什么，都要有好"学风"、好"作风"，这在武术界被称为"武德"。

要想把拳练好了，你应该具备什么样的"学风"和"作风"？这是《拳论》中总结的话。咱们老祖宗也是这么做的，中国文化各行业的祖师也都是这么做的。正因为如此，咱们这个民族才能生存下来，发展成今天的样子。在古代的中国，武德是非常重要的。不但学武术的人要有武德，学文的人也要有"武德"。"学术始于此"，咱们这个武德跟武术是这样传承下来的。

"浑厚深沉之气概、坚忍果决之精神、抒发人类之情感、敏捷英勇之资质，尤为学者所必备之根本要义。"这说的是天赋。一个是爹妈给的，另一个是后天学的。比如有时候通过学文、学别的学科，也能增加学武方面的素质。当然，这跟练习也有关系，所以说，"浑厚深沉之气概、坚忍果决之精神、抒发人类之情感、敏捷英勇之资质"，有点儿像是先天的综合素质的意思。

再说"四容"跟"五要"。"四容"就是"头直、目正、神庄、声静"，站桩训练有素的人，容易做到"四容"。"四容"是一种外表、外形的素质，一种能上大雅之堂的素质，这是站桩给人带来的好处。

"五要"呢？"五要"就是"恭、慎、意、切、和"。

恭是什么？是敬畏师长、敬畏学术的意思，这在前面讲过。

慎是什么呢？就是谨慎、不马虎、缜密。

在摩擦步和倒重心的训练当中，特别能体会这个"慎"

的含义。摩擦步跟咱们走路不一样，走路的重心是在中间；走摩擦步时，重心一定要倒过来，重心倒在左脚的时候就是在左脚，重心倒到右脚的时候就是在右脚。重心从左脚上往右脚上倒，从 10 和 0 开始，重心都在后腿上，将此设定成 10，抬起来将要向前面迈的腿设定为 0。要先倒成九一，前边搁点儿分量。什么意思？就是看看是不是陷坑，比如说前面万一要是个坑怎么办？如果一下子过去，就掉下去了，所以先给它一分劲儿，变成一九。一看没问题，再试试二八；要有问题，就撤回来。如果二八没问题，就来三七；三七没问题就四六；四六再没问题，五五；五五再没问题，我就六四，重心就过去了。练习倒重心就是倒这个过程，像有一个沟壑、深沟，要试着来，特别谨慎地一点一点挪着，非常有把握地过去，要有小心翼翼、如履薄冰的感觉。

意是什么呢？意是内在的。咱们要追求的是内劲儿，练的不是外形，就是这意思。郭云深说，有三层功夫：第一层是练外劲，第二层是练内劲，第三层是练化劲。

切是什么呢？就是真，一定要有真。这真，也有憨的意思。

和是什么呢？和就是"中"的意思。站桩最能体现"中"。站桩的内在要求就是完全站在"中"上。你的姿势如果对了，就完全站在"中"上了。这是功能位，技击时才能卡对方的位，才能夺中。"中"是武术里的一个非常重要的东西。

还有五字歌诀。歌诀都是过去流传下来的。以前传拳的时候，文字的东西往往就是歌诀，可能做了一些小幅度的删改，但是大部分是传下来的。

　　我再总结一下武德。武德有四个方面：第一，要有敬畏之心，敬畏学术，敬畏长辈；第二，要求真，就是实事求是；第三，要刻苦，下大功夫，下苦功夫；第四，要有担当，要承担责任。

第四讲　论单双重与不着象

这章是重点，也是难点，也是拳论最精华的部分。

实际上，老先生的"论单双重与不着象"，与岳飞《九要论》里说的三节是对应的。《九要论》里明明说的是三节，但是老先生写出来的是"论单双重与不着象"，这《九要论》中所说的三节的拳理更具体。他是练拳练明白了。

什么叫着象？比如说现在有很多站桩的人身体前倾，好像老在技击当中，就像要和对方打似的；前倾，这属于着象。有人跟我说，他把桩给改了，改成把前手搁在面门这块儿。我问他为什么？他说，如果打起来，这样能护住"中"。这也叫着象。站桩，跟技击没有关系，跟打也没有关系。站桩就是求中、求均衡。这均衡全在中上，不偏不倚，不着象。只要你一偏移，就叫着象，尤其是你这个前倾，重心压在前腿上，这就叫着象。

"须保持全身之均整，使之毫不偏倚。凡有些微不平衡，即为形着象，力亦破体也。"身体稍不平衡，就是着象，力就破体了。"神、形、力、意，皆不许着象，一着象便是片面，既不卫生，且易为人所乘。"这又多出来一个卫生，不卫生就是不对。

什么叫"不着象"？"不着象"就是"中"。站桩强调"中"，不偏不倚；做到不偏不倚，在"中"上，就叫"不着象"。一离开"中"、一有偏倚，就叫"着象"。所以，我叫你们站桩一定要站正了，咱们要讲中正。你站桩中正了，就是"不着象"了吗？不是。站桩比较中正，仅仅是外形。首先，咱们在形的方面要中正，这是基础。只有形上中正得了，你才能出中正力。"意自形生"，有正确的形，才有正确的意；你这形在中上，那么你出的力也在中上。力在中上，跟齐执度写的"力在十字路口"是对应的，这是一话两说。想做到不着象，就要按笔者讲的方法去站桩。桩，站到百分之百对了的时候，是完全绝对的中，绝对不偏不倚。在这种情形下，你才能把自己身体"练碎"，练出三节来。你一偏倚，就是着象；一偏倚就练不整了，只能练一部分，就成局部了。

什么叫"单重"？"单重"是一边用劲儿、另一边不用劲儿。拿一般人打架举例，互相打的时候，出右拳则左拳用不上劲儿，左拳是松着的；出左拳则右拳用不上劲儿；抡上面的时候，脚底上用不上劲儿；踢人的时候，手用不上劲儿。这叫单重，不是全身用劲儿，是局部用劲儿。你看他们打得、抡得比较差的，都属于这种情形。

什么叫"双重"？我们站浑圆桩，就是平步桩、骑马蹲裆式的桩，特别容易站成"双重"。因为是两边对称的，两脚、两腿、两臂，完全是对称的，使劲儿也是均衡的。这就叫"双重"。所以，笔者不愿让立志学习武术者站浑圆桩。

单重、双重，合在一起就是"单双重"。就说站这个浑圆桩、平步桩，也能站出单重。站平步桩时，绝大部分的人会用意念想。他凭空想，想淋浴，又想抱树，其实这叫瞎想，不叫意念。有的人全身不用劲儿，全身放松，甚至能睡着，这也叫"单重"。

有的人，你别看他练的时候是"单重"，他一动就可能变成"双重"跟"着象"，尤其是有些练拳的人，特别容易犯"单重"。他练这架子、练这招数的时候，练这套路的时候一点儿劲儿也不用，犯的是"单重"的毛病。

练拳的大部分人容易犯"双重"。很多练形意拳的，都特带劲儿，唰唰地，冬天穿着衣裳能打出风来。他哪儿都用劲儿，这是"双重"。别看他练的时候犯"双重"的毛病，如果跟人动起手来，他又会犯单重的毛病。他出左拳，右拳是松的，不用劲儿；出右拳，左拳就不用劲儿。比如说两人一较上劲儿，撕扯起来了，又是"双重"跟"着象"。

有的人两手会同时使劲儿，但是他两个手同时使的劲儿是同一方向的，这是"双重"的另一种。

现在练其他的拳很难解决单双重的难题，不是犯单重就是犯双重，不犯双重就犯着象，这三个错误来回犯。现在不管搞什么运动的，都是这样，这个问题解决不了。只有咱们练这种老前辈总结出的武术的人，如果练对了，又肯下功夫，才能练成既不是"单重"也不是"双重"，也不着象，才能把"单双重"与不着象的问题给解决了。

怎样算避免了"单双重"，做到了不着象呢？必须能这手用竖劲儿，那手用横劲儿。两手根据情况，不见得非得用同一方向的劲儿。这两手还能用不同的劲儿，这才叫把"单双重"与"不着象"给解决了。

要解决这个"单双重"与"不着象"的问题，必须得站桩，练出并能运用内力，就是不动的劲儿。你练出了内劲儿，才能解决"单双重"与"不着象"的问题。

能否避免犯"单双重"和"着象"三种错误，是一把检尺。不能解决这三个问题，说明你只有外力，站桩还没有达到具备内力的程度。

"单双重"与"不着象"这三个问题的提出，说明武术研究已经到了极高的水平。出现这些问题了，武术是怎么解决的呢？

老先生说："须要身体舒放，屈折含蓄。如发力时亦不许断续，所谓力不亡者也。盖双重非专指两足部位而言，头手肩肘膝胯，以及大小关节，即一点细微之力，都有单双、松紧、虚实、轻重之别。"

笔者是怎么解决这三个问题的呢？首先是站桩，不干别的。站伏虎桩，"前三后七"也好，手上"展、分、抓"也好，这桩有特点：哪儿跟哪儿都不平衡，哪儿跟哪儿的力量都不对称。例如前膝跟后膝，前膝是提顶，还要脚踝往回挠，后膝是裹膝、坐胯。而且力道轻重也不一样，后腿劲大，前腿劲小。两胯也不一样，这后胯往回掖，要掖后胯，往下坐胯、收胯，前胯要往前放。脚踝也不一样，前脚脚踝回搂，还提着，后脚跟还抬着呢！前后脚是丁八步，前脚是丁，后脚是八。连这前后脚的脚指头都有区别，用的力不一样，力的方向也不一样，松紧也不一样。松紧后边会详细说，因为松紧是需要功夫、需要时间的。就说脚踝也不一样，脚面也不一样。上边也是，前手要高一点儿，后手要低一点儿。这俩手背也不一样，以前手为主，后手为辅。前手找位置，后手找圆。这些要求的目的只有一个，站出内力！前手找位置往这一撑，后手找圆，前后手的圆都不一样。前手高后手低，重量不一样，力的方向也不一样，双肩力的方向也不同，出力分别往两边撑。两肘一横，横的方向也不一样。腕子背的力量虽然一样，但是一高一低，后边找圆，这圆度也不同。从外形上说，眼睛往中间看，身体是拧着的，哪儿跟哪儿都不对称。这是在解决形的问题。

先解决的是外形的问题，然后才能解决内劲儿的问题，外形摆好姿势再去站桩，外形摆对了，将来出的力才能把"单双重"与"不着象"的问题给解决。一定是先码好了形，解决了形的问题，再解决"单双重"等后边的事。"单双重"与"不着象"属于里边的问题，是内在的东西，是内劲儿。

为什么老说出劲儿了？什么叫站出劲儿来了？站出的这个劲儿一定是具体的。哪儿站出劲儿来了？手指头。哪个手指头？是食指还是中指？如果是食指，是哪一节？是食指根部、中部，还是尾部？如果是肘，是肘寻边？如果是小臂，是上边、下边、左边还是右边？你要能说出具体的部位来。把人给练碎，是很具体的，不能说一大块儿抽象的，比如我有劲儿，我就有劲儿，哪儿都有劲儿……这不对。说我这后背，就能练出至少二十个劲儿，手指头上最起码练出几个劲儿来。练出的劲儿越碎越多，身上的内力越好。

"三段九节"是可以无限小地往下细分的。三节，是说手指头。一个手指头能练出好几个劲儿，十个手指头就是好几十个劲儿，再加上脚趾又好几十个劲儿，这就百十来个劲儿了。我感觉人身上应该有一千个以上的劲儿，全是实点。这要是功夫再大了，那得有多少个劲儿，我都不知道，也说不清！能练出一千个劲儿以上，才能真正弄明白老先生说的"盖双重非专指两足部位而言，头手肩肘膝胯，以及大小关节，即一点细微之力，都有单双、松紧、虚实、轻重之别"这句话的意思。

能练出这么多具体的劲儿，不是一蹴而就的。甭说你练出一千个劲儿了，即使只练一百个劲儿，五六十个劲儿也行。你要是真练出五六十个劲儿，每一处的劲儿都在"中"上，是不动的劲儿，是松紧同时具备的。那么我们只要一出劲儿，单双、松紧、轻重都有了。

讲到这儿，应该能明白虚实了。当年常先生教拳的时候，可不是逐一地讲，他就讲几个。常先生老是让站桩，强调要站出劲儿来。站桩站出劲儿的时候，这些问题一点就透，不用讲得这么详细。

笔者讲得比较细，是想留"一把尺子"在这里，随时能度量站桩的水平与程度。如果读者不出劲儿，也能落个心里明白，就是那么回事儿。要想真明白，非得自己出劲儿，功夫上身了才行。

总结一下，什么叫"单重"？"单重"就是局部用力，其他部位用不上力。什么叫"双重"？练拳击、散打，这些都算抢的运动，包括现在武术，各门各派都是抢。具体地讲，在抡的过程当中，抡得不好的人是"单重"，抡得好的人容易犯"双重"。

拳击、散打、泰拳，包括现在练武术的都是在练明劲儿。练的是明劲儿，用的是明劲儿，谁也练不到暗劲儿。这个明劲儿练得好的人，身上有时候也能使上很多劲儿。比如拳击练得好的，出拳时，腰上也能用点劲儿，腿上也能用点劲儿，但是劲儿也多不了。不是单重，而是双重，是用抡力，是外力，因为没有内力。不经过长年累月地正确站桩，很难练出内力。抡力，也能用点儿劲儿，但是整劲儿是用不上的。

为什么我可以这么笃定地下这个结论？因为他们虽然能用上几个劲儿，但是这几个劲儿的方向是一致的，比如往前出右拳，右拳往前，腰腿的劲儿也是往前的。拳击打得好的人，直、摆、勾，加上闪躲，能同时做，拳打得不错，这属于"双重"。

为什么说这是"双重"呢？因为一个劲儿往前，别的劲儿配合着全往前；一个劲儿往下走，别的劲儿同时往下走；身子往上一长，别的劲儿全是往上；往后，身子全往后退。不管能用几个劲儿，几个劲儿的方向都是一样的，这也叫"双重"。

"单重、双重、着象、不着象"属于中国古代武术的范畴。不经过长年累月地正确站桩，你即使是个神仙，也不会有内力（郭云深说的暗劲儿）。练拳练到暗劲儿这种程度，才能正确认识"单双重"与"不着象"。对"单双重"与"不着象"的体会认识，是判断一个人的武术是不是入门的标准，只有练到内劲儿才算入门。很多武术练的是明劲儿，没到暗劲儿。

练武术的人很少谈"单双重"与"不着象"，只有老先生谈出来了。实际上，"单双重"与"不着象"不是老先生发明的，而是老先生学来的。郭云深他们会谈"单双重"与"不着象"，以前的老拳术家都会谈。

只要武术练到暗劲儿，都懂得这个，但是现在学武术的人练不出暗劲儿，都在明劲儿这个阶段上。总在动的运动，有几个套路，有几式，因为总动，所以练不出暗劲儿来。必须不动，才能练出内劲儿。站桩时候，如果老动，也练不出内劲儿来。站桩就要站那儿不动，这劲儿才往里走，才能练出内劲儿。

"单双重"与"不着象"是给入门后的武术人说的。练拳击、散打、泰拳、巴西柔术的人都不懂这个，咱们中国人的武术是从他们现在这个阶段走过来的。当初中国武术也是抡，后来经过几千年在战场上的反复打斗，总结出"单双重"与"不着象"，在技击当中是占便宜的。拳击散打的人不研究这些。

咱们起码得练出百八十个力来，才能理解"大小关节，即一点细微之力，都有单双、松紧、虚实、轻重之别"这句话。你如果才练出八个、十个、二十个劲儿，是理解不了他这话的。这是"单双重"与"不着象"的第一层意思。

关于"单双重"与"不着象"的另一层意思，《拳论》中写道："譬如双方决斗，利害当前，间不容发，已接未触之时，尚不知应用者为何；解决之后，复不知适间所用者为何。所谓不期然而然，莫知至而至。又谓极中致和，本能力之自动良能者也。"这是说技击，把劲练出来以后，会形成一种自动的、没招没式的出手。技击时，遇劲就能出手，瞬间就能随机而发。没招没式，这才是武术技击。

什么叫"不期然而然，莫知至而至"？就是把内劲练出来以后，有如下特性：力在中上——对方来的力，一搭手便能知道。对方摁到你，跟摁了电钮似的，你的力就发到了对方身上。这才叫武术，才叫技击！如果你要用什么招儿的话，那就不叫武术，武术就是没招儿。

"又谓极中致和，本能力之自动良能者也。"什么叫"极中致和"？"极中"就是绝对"中"，越中越好。这"中"也是有程度的，例如画圆圈，一个圈的直径是十公分，是中；直径是一公分，就剩一点儿了，也是中。这中就一针尖了，也是中。"极中致和"就是特别中，就剩一针尖了。有时候发力就像纫针似的，缝衣针后部是针鼻儿，你拿这个线从那个眼儿穿过去，就这么细，能穿过去。这是形容力能细到这种程度，叫"极中致和"。在绝对中的情况下，本能力就出来了。"极中致和"，就像郭云深说的化劲，这就更高了。咱们要能认识到"中"，认识到有一条中线，甚至这中线就跟刀刃似的。比如说我这中线，后边宽，前边窄。后边是刀背儿，是宽的，前边刀刃儿是窄的。力也是这样，从宽到细，后边刀背儿，前边是刀刃儿。

咱们能认识到这个，就算武术入门了，就算不错了。业余练武的人不可能练得那么好。

第五讲　抽象虚实　有无体认

抽象，说的是神形意力的运用。

"空中之旗，飘摆无定，惟风力是应，即所谓与大气之应合。又如浪中之鱼（也可以说是渊中的鱼），起伏无方，纵横往还，以听其触。只有一片相机而动、应感而发。"这段话中提到"旗"和"鱼"，是讲武术站桩使的换劲儿，把外劲儿换成内劲儿。

老先生说，身体练出内劲儿，就能体会到类似"风中的旗、渊中的鱼"这样一种力。身体有了内劲儿以后，站桩站在那儿，外形一动不动，但是里边的力像风中的旗、渊中的鱼一样。这是一种状态的描述。

"空中的旗（风中的旗）"具体是什么样子呢？刮风的时候，天空中这旗子左右摇摆，但是它的力始终是冲着前面的，如果没有这旗杆戳着拽着，旗子早顺着风刮跑了。举过旗的人有体会，刮风的时候，举旗迎风走，旗子哗啦啦往后飘，攥紧旗杆不松手，这旗子能顶着风走，虽然左右摇摆，但是力是向前的。咱们练到一定程度，力也像风中的旗这样，在技击中遇到力，能迎着力往上走。你迎着力往上走，左右摇摆，就是一种蛇形力。必须得用蛇形力，才能迎着敌人的力往上走。

同理，渊中的鱼跟风中的旗的力是一模一样的。为什么是渊中的鱼？渊水是从高处往低处流，是流动的水；鱼是洄游的鱼，它在逆着水往上走，从下往上游。从山底往山上游的鱼就是逆水的鱼，叫渊中的鱼。"浪中的鱼"也是说鱼要逆水而上，也是左右摇摆，往上冲，用的也是蛇形力。其实，鱼从低处往高处游（逆水往上游）的时候，是用蛇形力摇摆着往上走的，是逆着力往上走、往上冲的。就是这个意思。

"风中的旗、渊中的鱼"是整力的体现。桩，站整了才能出这种力。开篇这段引言说的是老先生自己的切身体会。这个力是抽象的力。

抽象，在这里怎么解释？抽象是相对具体来讲的。抽象是实相，这抽象的力是从具体当中求来的。

老先生在文章里没写具体，实际上咱们练拳的时候，抽象对应具体，这才叫阴阳。"从抽象中求具体，从具体中求抽象"是练拳的方法。虚中求实，实中求虚，这才符合阴阳的理论。有阴就有阳，是对应的。

什么是具体力？具体力怎么练？比如咱们讲的站桩姿势，这姿势、外形是具体的。那么姿势摆正确以后，浑身上下，今天这个部位疼，明天那个部位疼，换着疼。疼的部位越多越好。疼完了还要酸，酸完了麻，麻完了胀，胀完了以后才叫力，才能得这力。在十年站桩过程中，很多部位、很多关节会有"疼酸麻胀"的现象出现。这个过程当然越具体越好。笔者讲过三段九节，就是把自己的身体练得越碎越好。越碎，说明你得到的力越多，而不是身上只有一种力。

手指头多少力、胳膊上多少力，具体的关节都有很多力，力越多越好，有几百个力才好。这个力越多越整，有五百个力，就比有四百个力整；有四百个力，就比有一百个力整；有一百个力，就比有八十个力整；有八十个力，就比有七十个力整；如果只有二三十个力，甚至更少，才十几个，那就没资格说整不整了。身体每个关节、每个部位都要经过疼酸麻胀。这些叫具体。

八卦理论常说：无极生太极，太极生两仪，两仪生四象，四象生八卦，八卦生六十四卦。六十四就多了，六十四乘六十四就更多了。世间万物的演变过程都离不开这个规律。几百个、上千个劲儿，越多越具体。练出的劲儿越多越好，要向无穷多演变。但是到了无穷多的时候，到了这种程度就又要变少了，又该变成八了。八是什么意思？八是圆的，八面力是圆的，变成浑圆力了。再经过很长时间练习，这八个力就能变成四个力。那么这四个力用老先生的话就是"提顿吞吐"。"提顿吞吐"就是上下前后。那么四个力再练就能练成两个力，两个力就是弹簧力，"无点不弹簧"，也叫含蓄，也叫收放，就是两个力。那么两个力再练，就是一个力，就是自然力。

自然力就是无极力，就是无极。由简入繁，又从繁入简，周而往复，不断地提升。这是咱们得着这自然力的具体路径。从具体当中得，由最初出现具体的几个劲儿，到出现几十个、几百个、上千个劲儿，再经过很长时间的练习，越得越少，最后能成无极，能成抽象。这个抽象是实相，是自然，是修炼人体的最高境界。

老先生在《拳论》中说，从具体当中求抽象、从抽象当中求具体，就是这意思。他讲"抽象虚实有无体认"。其实力有很多，不光是这两个力，但他只说这两个力。他说这两个力属于抽象的力。具体的力就是形意拳说的"起是横，落是顺，起横不见横，落顺不见顺"。

老先生喜欢说"顺力逆行"，太极拳喜欢说"引进落空合即出"，这些在运用的时候是非常具体的，就是迎着力往上。这个你非得到这境界才能体会。对方给我力以后，我就敢迎着力走，是非常具体的，必须在实践当中体会这个。这个力具体到前面讲过的刀刃儿和纫针似的，这是形容具体，具体到这种程度。说了自然力，是达到了刚才说的那个八卦、无极的程度。自然力就是"有感即应，一触即发"。

"虚灵守默之含蓄精神"，这是含蓄①，是一种感觉。

解释"含蓄"之前，先谈一个概念——"提顿吞吐"。"提顿吞吐"是怎么来的？站桩站到一定程度，常提"松紧"两字。站桩有松有紧，紧了以后老站，老站就松了，这个紧就变成力了。这个紧就能变成一种提的力、往上的力。紧变成力了，松也变成力了。紧变成向上的力。站桩老有向上提的力，能提一定能放，有提的力就有往下的力。真懂练拳的人，练拳是练往上的力，有上就有下。

---

① 含蓄：站桩到一定程度的一种能发而不发的状态，这种状态是武术家追求的，也是练功夫到一定程度才能呈现的。

有很多练拳的人觉得站得稳，脚跟像扎根儿似的，谁也推不动，认为这是有功夫。其实这是一种着象，是错误的。练拳应该是轻灵的，轻如鸿毛、重如泰山、意力水面行。"意力水面行"就是提着的力，就是轻，就好像人能在水面上行走。它是一种象，不是真实。你到水面儿行走，还是会掉下去。达摩说"面壁九年修真形，折支芦苇过大江"，这是一种象，不是真实的。所以说，"意力水面行"就是力往上提着，不是往下，这是上下的力。还有一种前后的力。刚才说，紧变成向上的力，那么松也变成力了，变成了向后的力，是往后拉的力。这力往后拉着，拉熟了，就有往前放的力。

咱们这拳不能轻易往前放，得往回拽，就跟拽着牛似的。往回的力老是拽着、拽着，拽熟了就自然能放，就有放的力。但是倒过来讲，有放的力不见得有拽的力。有后的力肯定有前的力，有上的力必有下的力，反过来就不见得了。拳要练顺，这一点不能忽略。包括咱们前后的力，不能老放人，不能老往外撑。你老撑，其实劲儿不大，那是推力。你要想放人，必须得用往回拽的力，才能放人。中国武术为什么讲放人呢？其实是我放人之前在往回拽你。你跟我较劲儿，我才往外放你，才能放出去，不是一味地往外顶。

老先生放人放得好，他的力老是悬着，第一是往上走，第二是往回走。老先生要是和你搭上手以后，你不能使劲；你一使劲，他这力往下一放，他的力往下走、往前走，"砰"一下子就把你放了。这不见得有多大劲，他放人看着很轻松。

什么叫"四两拨千斤"？中国武术用的这个"四两"的力，必须得到原来的话题上，得是中力。这力搁在中上，是一种变力。这力只有搁在中上以后，才能变力。这叫含蓄，含蓄就是收放。含蓄收着，一收一放。含蓄是中国武术里的一个重要观念，也是一把尺子，能衡量你武术练到了什么程度。含蓄，收放自如，是非常好，也是非常高的境界，也是武术人一生追求的目标。

"抽象虚实有无体认"主要是：第一，这个力量是"都视之无形，听之无声，无体亦无象。就以有形而论，其势如空中之旗，飘摆无定，惟风力是应，即所谓与大气之应合。又如浪中之鱼，起伏无方，纵横往还，以听其触"。站桩，如果能站出"风中的旗"和"渊中的鱼"这个劲儿，就是比较正确的力；站到这种程度，就是横竖力。这个劲儿出来以后，才有技击；这个劲儿没出来，不能去技击。你非要去打，肯定是抢，就不是武术了。必须先把这个劲儿站出来！这是技击的基础。没有这个劲儿做保障，不能谈技击，也没有资格谈。

"起伏无方，纵横往还，以听其触。只有一片相机而动，应感而发"，这是力，用这个力技击，而不是用招儿。不是说你怎么打我，我怎么还手，或者我怎么打你，用个招法……没有招法！这不是招儿，而是"有感即应，一触即发"。敌动我应，一触即发，没有招儿，是一种自然状态。"风中旗、渊中鱼"和这里是上下呼应的。

经过十年不间断地站桩，一般人能达到"有感即应，一触即发"的状态，这是技击的基础。只有具备了"有感即应，一触即发"的自然力，以及"风中的旗"和"渊中的鱼"的横竖力，在双方的力相接的时候，才能知道对方哪儿没劲儿、哪儿有劲儿。他这个地方只要有竖劲儿，你往横着走，他那横着必然没有劲儿，这是人的一种本能特性。老先生说，人哪，是这么一种东西，它有横力就没竖力，有竖力就没横力。

你就奔着他没劲儿的地方走。这是一种用力的原则。

咱们这个力，应该有金木水火土的五行属性。力有水的属性，就属于水力，如同水泼出去往低处流，一摸就知道他哪儿没力，咱们就往他没力的地儿走，那儿是虚的。如果能连续使出几个横竖力来，在横竖转换的中间，又有一条虚线，这条虚线就是咱们的"所乘之机"。这虽然是非常高深的东西，但是只要咱们站桩正确，时间到了，一般人都能得到这种力。这种力就是人的良能、人的本能，它是技击的基础。技击就是用这个力去跟对方斗劲儿。技击跟打是两回事儿。

"要在以虚无而度其有，亦以有处而揣其无。诚与老庄佛释无为而有为，万法皆空即为实相。"这句话说的是，站桩得来的力是从没有、从无处生出来的。举重练的那个是拙力，老先生表述的力不是练举重、练肌肉得来的那种力。身体各个部位很多地儿有劲儿，是互相"就合"出来的力，与一切其他运动的力是不一样的。这是一种特殊的力，是从无到有生出来的。

"力从无处生出来"怎么解释？站桩时，想一想外形姿势对不对。对了，就站，一直站，什么都没有。这是一个生理改造过程。过程中"疼酸麻胀"交替出现，其他什么都没有。有人说站桩，这筋怎么了，那里怎么了，那是你自己的感觉，也是正常现象。因为你看过很多书，也跟别人学过，可能你这么站，身上有点感觉，就觉得已经了解什么叫"有筋"，有佛道了。这也是一种正常现象，但都不是"是"。

站桩过程的"疼酸麻胀"是"是"。你只要疼了，就对了，疼过了以后是酸，或者酸疼，只有站到麻胀的时候才叫"无"。站桩，站麻了，站木了，不是没了吗？胀的时候也是没有。身体到麻胀的时候，没感觉了，你觉得什么都没有了。

站桩的时候，身体特别清楚，有这劲儿、有那劲儿了，其实这时候还没有生出力，不是"是"。在麻胀的过程中长劲儿，才是"是"。感觉麻木了，没感觉了，身体里边怎么回事也不知道了，没了，空了。这才是长力、生力的时候。

力从无处生出来。必须得把自己练没了，什么都顾不上了，就是疼了，或者麻了、木了，难受了，坚持着，我这儿还差几分钟，还有十分钟。哎呀，咬牙挺过去什么感觉也没了。这是无的状态。人处在这种虚无状态之时，才是生力的时候。这是"是"。身体特别好的人，一定要这样练。力一定是从无处生出来的。

特别补充一句，年老体弱的人要循序渐进地练。

站桩，姿势摆对后，要一直往下站。出现很多感觉都不重要，最重要的是时间，每天俩钟头，站十年，这劲儿有可能就出来了。

顺便说一句养生，站桩什么病都不治，它只是一种正常的锻炼。经过锻炼以后，身体变得强壮，阴阳平衡。由于免疫力变强了，以前有的病可能就好了。站桩，什么病都不治，又什么病都治。笔者不赞成宣传站桩治病。不管身体有什么病，都是一种站法，以不变应万变。这是一种正常锻炼，是一种修炼，对身体的一种修炼，把身体练强壮了，让心肝脾肺肾都得到锻炼。站桩不是治病，而是锻炼身体。身体强壮了，有的病可能就好了，什么病都有可能治好。就是这么个观点。

站桩求得的这个力是从虚无中生出来的。经过多年锻炼，身体出现"风中的旗、渊中的鱼"的状态了，还能"有感即应，一触即发"。这种状态如果有了，就是练对了。这是一把尺子，以此来衡量站桩水平的高低。"病来如山倒，病去如抽丝"，病来为什么如山倒？病是长年累月积攒下来的。病来了，这病因可能是十年、八年乃至二十年前就有了的，到了爆发的时候如"山倒"。为什么"病去如抽丝"？因为"病去"的时间跟得病的时间是相等的。有人说站大成拳的桩功，风湿病之类的毛病两礼拜就好了；有些毛病一个礼拜就好了……这不是瞎说吗！哪个当大夫的人能信这个？有点知识的人都不会信。

"一切学理多称谨似，又如倪黄作画，各以峭逸之笔，孤行天壤，堪并论也。其机其趣，完全在于无形神似之间，度其意以求之。所以习拳时有对镜操作之戒者，恐一求形似，则内虚而神败矣。"

这是说练拳、画画是同理，有相通之处。不光画画，还包括写字，一切学术都有近似之处。这里说的是画画。前面讲过老先生家有一幅画，画的是一个老头儿钓鱼，画出了他身上的劲儿。鱼竿儿弯的程度，鱼跃出水面的姿势，都画得特别好。老先生评论这幅画把劲儿给画出来了。这也是内在的东西，必须下大功夫才能画好。画画的人下大功夫，用一些没有的东西来表示一些有的东西，跟拳术、拳道、拳学同理，是一种神形意力的运用，只有大功夫才能得到，无法通过弯道超车得来。弯道超车，是得不来好画和好画家的。

以上这一节说的是"风中旗、渊中鱼"，都是在说力，都是在基本桩或养生桩的范畴之内。

"习时须假定三尺以外，七尺之内，四围如有大刀阔斧之巨敌，与毒蛇猛兽蜿蜒而来，其共争生存之情景，须当以大无畏之精神而应付之，以求虚中之实也。如一旦大敌林立，在我如入无人之境以周旋之，则为实中求虚。"

这段话说的是技击。常先生给我讲拳，没讲过技击桩要有"与毒蛇猛兽求生存"这些话。"三尺以外，七尺之内，四围如有大刀阔斧之巨敌，与毒蛇猛兽蜿蜒而来"这句话是怎么来的，目前不太清楚。因为《大成拳论》是别人写的，不是老先生自己写的。这些话是不是别人给加进来的？笔者在学拳过程当中，不但没听常先生讲过，别的老师也没讲过。这句话的来源实在是不太清楚。有人练技击桩，假设对面有个敌人，要有精神，精神状态要好，要有大无畏的精神，这是虚中求实。如果真遇到技击的情况，如入无人之境。这怎么解释呢？

在常先生的记忆当中，老先生将此解释为"是功夫催的"。老先生教常先生时，是比较注重物质的。他在讲技击的时候，精神层面的东西很少讲，主要还是讲物质层面的。老先生特别强调是"功夫催的"，要下大力气练。比如，每天站桩两小时，坚持练十年桩。不能有一点儿假，要有大功夫，功底瓷实。精神方面的事得仗着站桩得到的力，是拿功夫催的。有些人动不动讲精神，不讲物质，老先生对这一点特别生气。前面讲过，他常说的一句话是，"精神加精神就是精神病"。他说，也不能物质加物质，如果全是物质，没精神也不行，那成傻子了。

功夫大了，精神就好了；技击时胆子大，才能有"如入无人之境"的表现。一个精神，一个功夫，两者相辅相成，不能单说。老先生跟常先生讲，他最烦的就是人没功夫，力小胆大，什么都敢干，是"傻大胆"，这种人容易折。人在功夫大了以后，还得留有余地。

接下来，第一自然段讲的实际上是基本桩，也就是咱们说的养生桩；第二自然段讲的是技击桩；第三自然段讲的是试力。

"切记，习时要慢，而神宜速。手不空出，意不空回。即些微细小之点力动作，亦须具体无微而不应，内外相连，虚实相依，而为一贯，须要无时无处不含有应付技击之本能。倘一求速，则一切经过之路径滑然而过，再由何得其体认之作用乎？故初学时，须要以站桩为本，渐渐体会而后行之。"试力的时候一定要慢，不能快。

"倘一求速，则一切经过之路径滑然而过，再由何得其体认之作用乎？"动作不能快，做快了，很多要点就滑过去了，就没法儿体会了，所以要慢。

怎么练试力，试力应该慢到什么程度？说明白点儿，就是应该停顿，比如一个动作要出去一尺，那么出去一寸的时候就停一下，两寸时再停一下。试力的幅度是一尺，一尺为十寸，所以要停十次，动一寸停一下，多动一寸则再停一下。在停的过程中，还要体会有没有劲儿，等有劲儿了再动；推出一寸，再停一下，再次体会有劲儿没劲儿。练的中间应该有停顿，要能停下来。

现在有很多人，练意拳、大成拳、太极拳的，要慢慢儿练。咱们的试力也要慢。慢，但是一直在动。其实只慢不停是不行的。咱们很多人练大成拳和意拳时有慢却不停，动作再慢也是在动，在动当中很难体会不动的力。

笔者说的体会是要停下来，动一下，就停住，然后再动。你在停的当中找这个力，看这个力能不能出现，要是出现了再动，不出现就不动。随着熟练程度的提升，动的次数越多越好。

再说前面讲过的这个动作，幅度一尺，动一寸，停一下，是十次；要是一厘米停一下呢，就得停三十多次；要是一毫米停一下呢，那就太多了！你在停顿点上有力，停顿点越多，多到极致，力就连上了。"止乎不得不行，行乎不得不止"，老先生说的这种感觉你才能体会到。

数学上讲，一个线段由无数个点组成。大成拳的一个动作也是由无数个不动的点所组成的，这正是试力的目的。只有把一个动作分解成无数个点，这无数点在不动的时候要有力。这个力在不动的时候才有前后、左右、上下，才能变力。关键是变力！每个动作是由无数个点组成的，每个点上都能变力。这是咱们练中国武术的奥妙。练到这种程度，才能符合老先生说的"具体无微而不应，内外相连，虚实相依，而为一贯。须要无时无处不含有应付技击之本能"。这是试力的内涵，也可以说是武术动作的内涵、大成拳动作的内涵。

这个动作怎么练？"初学时，须要以站桩为本，渐渐体会而后行之。"老先生说试力的时候，要停下来，体会站桩已经站出的那个不动的劲儿。如果不动的时候有劲儿，那么你在试力的时候，一停下来这劲儿就出来了；再一停，这劲儿又出来了，这不就能做试力了吗？试力这么练，把劲儿站出来以后，再做试力就会很快很容易，用不了几个月，甚至用不了几天，劲儿就练出来了。大概就这样儿。

试力一定要有站桩的基础，如果没有站桩的基础，试力是做不好的。做试力的动作时，要是有无数个不动的劲儿，试力就练成了。没有站桩的基础，或者站桩还没有站出不动的劲儿之前，试力是没法儿练的。现在练武术、练动作的，五行十二形，不管是太极拳 32 式、108 式，还是大成拳的推拉试力，或者其他各种试力，在做动作时都缺乏这样的练习。

在做一个试力动作时，如果动作幅度是一尺，中间停两三次，说明你入门了。你懂得了这个道理，知道在动的过程中应该出现不动的劲儿，但在推手跟技击的过程中，是没法儿用的。为什么不能以打斗的胜负来评判武术水平的高低呢？就是因为这个道理。你知道这个动作是怎么回事了，已经入门了，但是这时候你在跟人的对抗中还是用不上这个力。在对抗过程中，即使你比对方强，也有可能输；即使输了，你也已经入门了。所以说，不能以对抗的输赢来判断武术水平的高低。你继续练，练到一毫米停一下，能出现这个不动的劲儿，这在技击当中就能用上了。老先生为什么技击那么好？他可能就练到了这种程度。练到这种程度是很难的，需要下很大的功夫。练成一个动作能出来三五个劲儿，已经很不错了，已经入门了。入门跟能用之间，还有一段距离。

咱们这套拳有几个层次，老先生自己给自己做过评价，说自己的水平够用，就是在跟人的对抗中能用上这劲儿。他说他自己不能算好功夫，说："我不如郭云深先生。郭先生比我强，郭先生算好功夫，我只能算是够用。"

武术，现在已濒临失传，所以咱们首先得入门、得传承。武术水平在谷底，要想往上爬坡儿，首先得入门，入门以后就可以传承了。只要传承下去，人越多越好，慢慢就能爬上坡来。等爬到一定高度，就能在世界武林中立足了。

《拳论》这一节的最后一个自然段，有几个关键词，我在这里讲一讲。

"神经统一"，先把这个神经统一给解释一下。"神经统一"四个字跟这段不协调，好像逻辑也不通。据我对老先生的了解，这不像是老先生的原话，可能是写《拳论》的执笔者写出来的，我就不解释了。

"总之须神、形、意、力成为一贯""离开己身，无物可求；执着己身，永无是处"。这两个要重点解释一下。

关于意、力，前边章节讲得比较清楚了。站桩站出了不动的劲儿，叫意，也叫力，也叫气，是意、力、气之结合。在这个基础上，再来解释"神、形、意、力成为一贯"。

所谓形，就是刚才说的试力动作。打比方说，做炮拳的动作叫形。神则是意和力的一种外在表现。意和力如果练到了一定程度，内行人从形上能看出来，这叫神。

意、力能够贯穿在形中，在做炮拳动作的过程中，力能连续出现，从始至终不失力，总有那不动的力，这叫"力成一贯"。做任何一个动作，力总不断，这就叫形、意、力成为一贯。

形、意、力成为一贯了，那么神也会是这样，关键还是意、力！意、力练到一定程度，神、形、意、力就成为一贯。笔者反复强调站桩要站出劲儿，原因就在这里。站桩站出不动的劲儿，你的意、力也能一起出来，随着功夫提高，就什么都有了。

"离开己身，无物可求；执着己身，永无是处"。什么叫"离开己身"？现在有很多人站桩时爱空想，信马由缰地想象。用他们的话说，叫作"意念"，甭管叫什么，都是"离开己身"。"离开己身"，练了半天，等于没练，"无物可求"指的就是这个。武术站桩是要改造生理的，一定要站在那儿"实事求是"，不是瞎想。必须得经过"疼、酸、麻、胀"这些阶段，才能得到这个力。意、力、气出来了，意、力、气结合了，才叫有物，不是"无物可求"，不是"离开己身"，练功不能"离开己身"。

何谓"执着己身"？很多人练武，无论24式、88式，还是五行十二形，等等，包括很多人做推拉试力、四形、抢拳头，乃至打，总在做动作和外形上追求，这都属于"执着己身"。

总结一下"执着己身"和"离开己身"。不站桩，直接练动作，叫"执着己身"。站桩站得挺舒服，异想天开，没有经过疼、酸、麻、胀，不改造生理，叫"离开己身"。老先生生前爱说的一句话是："离开己身一无是处，执着己身更是糟。"

"一动无不动，无微而不合，四体百骸，悉在其中。"老先生常说四体百骸，后面的文句里也有。老先生说的"百骸"是特别多的意思，这必须通过站桩才能认识到，亦即岳飞在《九要论》中提到的"三节"。站桩一直站下去，身体里"具体的东西"越来越多、越多越整，对"四体百骸"理解就会越来越透彻。

第六讲 总纲

"拳本服膺，推名大成。平易近人，理趣丛生。一法不立，无法不容。拳本无法，有法也空"等语，写的是老先生的拳学方针和拳学思想。

老先生不讲打，不讲技击，而是讲修身。如何修身？修身的方法只有一招儿，就是站桩。方法对，时间够，身上能出来的东西，就是老先生描述的内容，可以理解为总纲。为什么现在很多人看不明白呢？就是因为没有修身，或者修身不够。说明白点儿，就是没有站桩，或者站桩时间不够，所以看不懂。

老先生闭口不谈技击，不谈打。他谈的这些全是修身修出来的东西。如果你修身修到这种程度，你的身体便能够体会这些东西；要是打起来，你肯定是高手。这时候你的打就叫技击了。你要是没这些东西，只能叫拳击、散打，或者其他什么名称，但是不能叫技击。老先生这些话不直接谈技击，但是暗含着技击。

老先生说的话，包括我的解释，都是身体里的东西，没有说具体动作应该怎么做，说的是意、力等身体内在的东西。其实，中国武术的一些经典拳谱，比如岳飞的《九要论》、太极拳的《打手歌》、老先生的《大成拳论》，都是好东西，说的全是人体内在的东西。这些好的拳谱谈的是身体里的东西，叫意、叫气、叫力都行，意、力、气是结合的。这在武术里叫"内三合"。好的拳谱谈的是意、力、气之合。

近现代很多中国拳术的大家或大师说的是动作。他们说的那些东西跟老先生说的不一样！他们一谈武术，开口就是打。谁打得好，谁的水平高，谈的都是打。

"武术就是打"这个观念要转变！武术练的是站桩，是修身。修身能提高人的身体素质、智力素质等，这是拳学之大，其中也包含技击。

天天喊"打"的人，其实不会打，也打不了。这些人吹嘘自己打得好，其实他们根本打不了，也不会打。

老先生从来不谈打，但打斗水平确实很高。中国真正的武术家，像岳飞、《打手歌》的作者以及老先生等人，他们传承的是真正的中华武术。总纲这一节能够把这些东西深刻地揭示出来，仔细想想就能弄明白。

总纲是大成拳的方针，也是老先生的拳学方针。

第七讲　歌要

"古人多以歌诀之法，以为教授工具，谨师其意，略加变更，特编歌诀刊后，以饷学者。"以前教拳，都要教歌诀。"拳不离手，歌不离口"，说的就是老师以歌诀、歌要的方式来教拳。

歌诀是从前辈那里传下来的。拳谱就是歌要。歌要更抽象，更不好理解。老先生略加修改，将歌要变成歌诀，把拳法概括出来，很抽象。老先生写的《大成拳论》其实是在解释歌要。《大成拳论》更具体，更通俗易懂。

第八讲　练习步骤

在讲练习步骤之前，首先澄清一个事实：现在我正在解释的《大成拳论》里的这些话，是老先生在教授过程中零零散散说的，不是他亲自写的。老先生教拳的时候，今天说这个，明天说那个，说得比较乱。整理者把这些话整合起来，形成了这本传世的《大成拳论》。

常先生在老先生家吃、住、练拳。刚开始几年，常先生还是个小学生，学校里的家长签字栏上，有时候是老先生签的"王芗斋"。常先生在老先生家没有见到过拳谱，各家拳谱，一本都没有。老先生认为拳谱不可信，看拳谱练不了拳。他一直跟常先生说，中国武术原来失传得没有这么快，出了拳谱以后，失传的速度越来越快；如果没有拳谱，单凭师父口传心授地教徒弟，失传速度会慢很多。

笔者跟着常先生练拳这么多年，常先生那儿也没有拳谱。因为老先生不让他看拳谱，说："有我教你，你看什么拳谱啊？你看什么拳论啊？我怎么教，你就怎么练。我教你的是对的，拳谱写的不全对。你听我的，就别去看拳谱！我怎么教你怎么练。"所以说常先生也没拳谱，老先生怎么教他就怎么练。

常先生没给过笔者拳谱，《大成拳论》是笔者从别人那里看到的。跟常先生练拳之前，各家拳谱笔者都看，也爱看。跟常先生练完拳以后，笔者再看拳谱时，就感觉拳谱写的都不对，所以也不爱看了。所以，我在解释这个《拳论·练习步骤》之前，先声明一件事：笔者讲的内容跟拳论原文原意不完全吻合。

下面开始逐一解释《拳论·练习步骤》。

"本拳之基础练习即为站桩，其效用在能锻炼神经，调剂呼吸，通畅血液，舒和筋肉，诚养生强身益智之学也，亦为卫生运动。其次为试力、试声、假想、体认各法则。再次为自卫，与大气之呼应和气波之松紧，良能之察觉，虚实互根之切要。兹将各阶段逐述于后。"

这些话虽然是老先生说过的，但是按这个次序来练就不对了，不能这么组合着写成练习步骤。笔者跟常先生学拳以后，才知道老先生的教法跟《拳论》中写的练法不完全一样。老先生教拳，以站桩为主。先站桩，站出劲儿以后才能试力。学会试力以后再学推手和使用器械。

老先生教拳的步骤是：站桩、试力、推手、使用器械。没有别的。

练习步骤之一　站桩

站桩，最初练的是基本桩，姿势外形不变，站得有所得，身上有了不动的劲儿。到了那时候，就可以改口叫技击桩了。这是老先生传下来的站桩基本概念，我先把这事给说清楚。

笔者教站桩，教的就是一个基本桩，是养生桩。通过站桩，把一个劲儿一个劲儿站出来，等到劲儿足够一定数量，身体有阻力感了，有了整体的感觉，到了这种程度，技击状态才能出来。这时候，结合推手也好，结合实战也好，稍微一结合，就成技击桩了。

《拳论》里写的站桩，首先讲站桩怎么站，其次是站桩的意念，第三是讲站桩的原则、原理和一些成熟的体会。

这不是简单的事。这一章说得太笼统、太抽象了，不具体，没法练。难怪老先生会跟常先生反复说，别照着书练！照着书没法儿练。他写的站桩理论，是给初学者看的，按他说的练也行，也能凑合站。

《拳论》里关于站桩的内容的问题出在逻辑不对。站桩写得过于笼统简单了，可是接下来的意念又写得很深，写的不是一般人的意念，完全是练到很高水平的人，比如老先生的意念，是武术大家的意念，咱们都达不到这种意念。意念与姿势外形不匹配，所以不能照着练。

话都是老先生说的，说得非常好，比如说站得对了应该怎么样，像大冶洪炉等，说得非常好！这是老先生总结出来的，但是要理解其描述的含义是很难的，不是一般人能真正明白的。"更不许有幻想"这句话挺重要，强调"意、力"是练出来的，不是想出来的。

《拳论》中写的站桩的要求，关于站桩姿势讲得过于简单笼统。如果只用脑子想象《拳论》中写的这些状态，这么练肯定不对，必须得像笔者教桩时那样具体地练，经过疼酸麻胀等刻苦地训练，流大汗、下大功夫，长年累月地站桩，最后才能达到那种状态和感觉。

读者们下了大功夫，流了很多汗，站了十年桩，也不一定能达到《拳论》中说的那种意、力的状态，因为《拳论》是记录老先生的练功状态。老先生以前一天站四个钟头，站了九年多，而咱们一般每天只站两个小时，远远赶不上老先生，而且那个状态还只是一个入门。

总结一下练习步骤的第一个环节。《拳论》里写站桩的每句话单独拿出来都是对的。这些话是老先生说过的，可把这些话组合后写到《拳论》里，就矛盾了。简简单单地站桩，有这么好的意念、这么好的体会，能总结出这么好的原则原理，这是不可能的。按照笔者教的方法来站桩，经过流大汗、吃大苦、耐大劳，十年如一日地刻苦锻炼，也出不了这么好的意念，不会有这么好的体会，也总结不出这么好的原则原理。

其实，老先生教常先生的时候不提书上写的东西，常先生教笔者的时候也不提这些，笔者教拳也不提这些，现在提这些只是为了解释《拳论》。笔者理解广大读者的心思，所以也愿意把《拳论》解释清楚。基础功不扎实的情况下，尽量不依《拳论》练习。

今天，从解释《拳论》的视角，可以看看这本书，知道怎么回事就行了，别照着书去练。再一次重复老先生的话——古今中外没有人能写出一本让后人仅仅照着就能练好拳的书。

练习步骤之二　试力

第一句是："以上基本练习，有相当基础后，一切良能之发展，当日益增强，则应继续学试力功夫，体认各项力量之神情，以期真实效用。"练大成拳的人，有相当基础之后才能做试力；站桩要站到一定程度，才能做试力。

"相当基础"一词具体化，比如站桩站到什么程度才能练试力？用常先生或者老先生的话说，你得在桩上有这劲儿！这劲儿就是老先生说的"站整了"。

前面讲过"站整了"就是身上有很多劲儿，这和岳飞说的"三节"是一个意思，就是把自己给"练碎"了，看看有多少个劲儿。要想弄懂"三节"，只知道身上哪儿是梢节、哪儿是根节、哪儿是中节，是不够的。一定是有切身体会后，才能懂"三节"。当你把自己"练碎"了，体会到身上很多具体的地方真的有劲儿了，能"分开"，有"碎的"感觉，有很多个劲儿，这才是明了三节。明了三节以后，你才能有"整"的意思。

真正把桩站整了，才会出现不用抢，站在那儿就有劲儿。劲儿听你使唤，往前也行，往后也行，往左也行，往右也行。这叫"力在中上"，又叫"不抢"。

不抢就有力，站在那儿就有劲儿，是中国武术的专利。老先生说中国武术是一种特殊的运动，原因就在这。

一旦达到"力在中上"，就具备了"不期然而然，莫知至而至"的能力。具体点说，站在那儿，只要一搭手就能听出对方力的方向。然后，对方用横我用竖，对方用竖我用横，应感而出，一接触上，就可以把对方的力卸掉，能马上发力。

试力之前应该具备什么条件？有没有试力的资格，要自行检验。如果你在站桩中还没有上面提到的这些体会，建议先别练习试力。即使试力，效果也不会好。应继续去站桩，打好基础。得有相当的站桩基础，才能做试力。

刚才讲了试力的资格，接着讲试力的原则。试力其实是在动，不管是动手、动脚，还是动上身、动下身，都要有原则——往前动，同时还能往后动。

试力原则之一是：不忘不失，动动停停；前后不忘，左右不忘，上下不忘。

试力对胳膊和腿的要求是相同的。试胳膊时，拳往前走的同时也要能往后走，往后走的时候不能把前边给忘了，这就是"前后不忘"。往左动的时候同时能往右动，能回来；往右动的时候，随时能往左动，这就是"左右不忘"。往上动的时候随时能下来，往下动的时候随时能上去。总之，要"能回来"——能来回走，不忘不失，这叫"不抡"。如果往前走的时候回不来，就是抡了，这就错了。

在试力往前动的过程中，突然觉得只能往前动，不能往后动，回不来了，这时候是力断了。这时候要停住不动，然后琢磨怎么能回来；等到想回来的时候，就能回来，这时再接着往前动。

试力是动动停停的。在动的过程中，动一下，觉得不行了，就停住；停住以后觉得行了，再动。初练试力，一定要停停动动、动动停停，一直动是不对的。现在练武术的人，很少有人动动停停，大多数在连续不断地动，很好看。有的人练试力，在那儿一会儿动，一会儿不动，很难看，很生疏的样子。实际上，保持力不断，才是对的。这是有功夫的体现。

试力好的人反而看着特别难看。老先生就说过"练咱们这拳是自私的"之类的话。为什么"自私"？因为是自己给自己练的。自己长本事了，自己得实惠，自己高兴，但是别人看着特别不好看。所以说咱们这拳挺自私。

无论试什么力，不管是动胳膊还是动腿，动的时候要体察身子整不整，身上哪儿能用上劲儿，有多少个部位能用上劲儿。试力就能试出多少个劲儿，就能试出多少个部位有劲儿。站桩没站出劲儿，试力时就使不出这劲儿，只能是抢。老先生讲的"站桩是换劲"，道理就在于此。

如果站桩站不出"松了还要有劲儿，有劲儿的时候还得松着"的内力，那么一动就是抢，就是瞎练，而不是试力，不是摸劲儿。这是一个"三节"问题，能不能用出整力，身体有多少部位能用上劲儿，必须通过站桩把"三节"练出来，之后才能试力。

试力原则之二——摇、旋、转。

试力要练到试力的人被活埋似的感觉。只有站出被活埋的这股劲儿来，才能练出阻力来。老先生说，是空气的阻力，我觉得是活埋的阻力——这种意比较真，比空气阻力好体会。如果活埋的阻力能体会出来，空气的阻力也就能出来了。

摇，指的是身体左右摇晃，脑袋也跟着身体左右摇晃。

开始练习的时候也可用头，就是头左右晃。在试力的时候，晃得越小越好，最好让人看不出身体左右晃。有些东西是站桩站出来的，试力要和站桩结合，包括这个"摇晃"也是。

这个"摇晃"像什么呢？站桩摆好姿势后，再给自己"活埋"了。活埋就是用沙土把整个人给埋上，动不了。在动不了的情况下，往左靠一下，是不是有阻力了？往右靠一下，是不是也有阻力？这是摇。左右靠，往左靠、往右靠，身体加脑袋一块儿靠。一开始你可以用头靠，也叫"头枕"，就是头有枕劲儿。

试力跟站桩是互相促进的。试力的时候，头跟身体同时左右晃，如果晃不出来也别太勉强，可以再去站桩。有时候晃不出来，站桩的时候又出来了；然后再去做试力，再去晃，就有了。总之，要灵活掌握。"站桩是换劲，试力是摸劲"，这是大原则。

旋，是指腰左右转，往左转一下，再往右转，来回地转。

旋跟摇是同一个道理，动作宜小不宜大，要慢，还要停，要坚持停、慢、小的原则，这与摇是一样的。有时候做试力，转腰转不出劲儿，转不出阻力来，要停。做这个旋的时候，也假设你给"活埋"了，转腰也转不动，也有阻力。要坚持转，得转出阻力来。

转，说的是两个胳膊的事。做炮拳试力，或者推拉试力（两手同时出、同时回）的时候，双手要转——出拳的时候双手也要转。出左拳时臂往右转，出右拳时臂往左转；左拳往回收的时候往左转，再出拳时往右转；右拳回收的时候往右转（右拳出的时候往左转，回的时候往右转）。俩拳来回转，也要转出阻力来。这有点像两条胳膊插在沙堆里左右转，转出阻力来。

往前的过程中要随时能往后，往后的过程中也要随时能往前。老先生把这个叫作"含蓄"。试力的时候，全身能使上劲儿的部位足够多，才叫"整"。如果全身能使上劲儿的部位不够多，就不会出整力。综上所述，"整""含蓄""摇、旋、转"这些要求是试力的基础，得先具备，然后再做各种形式的试力。为什么很多人练套路没有用，就是因为不具备这些基础。有这五方面的基础后，再做试力，才能真正掌握。

如果不具体讲试力应该怎么试，只讲书里说的那些东西，那么就会特别不好理解。当初，笔者在没跟常先生练试力之前，看《拳论》时看不懂试力。必须得站桩站到一定程度，然后再学试力；学习了试力的具体方法，练些日子，再回头看《拳论》里的试力，应该就能看懂了。

接下来讲讲几种试力：

1.炮拳试力

炮拳试力就是两只单手交替着出。炮拳试力是常先生说的，也是老先生说的。除了上面讲的五个方面要练，还有一点需要特别注意，就是两个手都要用力，但是方向不一样，前手往前，后手往后。初练时要这么练，两手同时用力。这个练熟以后，两只手不仅能同时用力，而且用力的方向还不一样，是多方向的，前后、上下、左右都能用力。比如说，前手往上，后手可能往下，也可能往左或往右。一开始练的时候达不到这种程度，只要能前手往前、后手往后就可以了；慢慢地，再把力全加进去。我前面说的那五个要求也是，开始的时候不可能全达到，先练一种就行；慢慢地，一种一种往里加。等到加全的时候，炮拳试力水平就高了。

2. 推拉试力

推拉试力的特点是手往回拉的时候，身体往前用力；双手往外推的时候，身体往后顶，形成推拉试力之中独有的手跟身体的配合。同时，前面五个练法都要加进去。

3. 神龟出水试力

神龟出水试力的特点也在于双手的协调——双手往下摁的时候，身体配合着往上走；双手往上的时候，身体往下走。手往下摁，身体往上，两手要用力，要使劲往下摁，到了手摁不动的时候，身体慢慢涨起来；双手往上扬这力，等到扬不动了以后，身体慢慢往下走，形成手跟身体的对拉，这叫神龟出水试力。前面五个练法也都要加进去。

再谈两种试力练法：

1. 把手撑开成掌伸出去，假设前面有一张崩紧的牛皮纸，你的手伸出去顶住牛皮纸，然后"噗"地一下把它捅破了，就是这个感觉，就要练这种劲儿。要贴上，不要提前，不要抢，不要过去就给捅破了，一定要慢慢儿地贴上，贴上以后，觉得贴瓷实了，再"噗"地给捅破了，就要这种劲儿。这种劲儿熟了以后，在技击当中是有妙用的。

2. 把手攥成拳，让俩拳头感觉特重，跟铁似的，俩胳膊相当于木头把儿，特轻，随便做动作就好像拿着两把铁锤似的，做出拳头重、身上轻的这种劲儿，用拳头把身子耍起来。练好了，俩手确实能把身子给耍起来。这种劲儿在技击当中同样是有妙用的。

以上笔者讲的试力是老先生教给常先生的，实际的具体操作，也是老先生传下来的。

总之，站桩、试力、搭手之间的关系是环环相扣的。第一，要有一定的站桩基础；第二，原文中"盖试力为得力之由，力由试而得知，更由知始能得其所以用"的字面意思是，力是通过试力才得到的，更"由试得知"，也由试"得其所以用"。一言蔽之，得力之由，以及怎么用、怎么知，全是从试力得来的。

站桩、试力是什么关系？老先生的本意是：力由站桩而得，然后由试能得知，之后再到用。试力是往更高的境界提升的一个手段。站桩得到力了，需要知道怎么用，试力就是教你怎么用。想要用好，后边还有训练环节：搭手。搭手时，才能进一步知道力怎么用。这就到化劲了，到高水平了。

站桩、试力跟搭手的关系是：站桩是不动的，能得到力；试力是动的。力不动的时候能掌握，但是动起来的时候不见得有。站桩达到一定程度，第一要得力，第二要熟练，熟了以后再动。这个力才能在不动转换到动的过程中一直存在。最后是搭手，搭手是持重，对方给你力以后你还能把站桩的这个力运用到搭手上。搭手就是技击。这个力由站桩到试力到搭手，是一个逐渐过渡到技击的过程。

"习时须使全身均整，筋肉空灵，思周身毛孔，无不有穿堂风往还之感……"均整指的是"三节"，就是把自己给"练碎了"，越练劲儿越多，劲儿越多越碎，越碎就越整。这是在说"整"的问题。

至于毛发的问题，说有"穿堂风"的感觉，这是在说"四如"。"四如"其中之一就是毛发如竖起，这都是从站桩中得来的。另一个是"慢优于快，欲行而又止"，讲的是往前走时，要随时能往后；同理，往后走时，随时能往前。还有一个是要"支撑遒放"，是说意、力能不能随时随地应感而出，假借之力果能成为事实否？站桩站到一定程度，力能够应感而出，达到技击桩的水平。这些全是从站桩中得到的。把从站桩中得到的东西，挪到动中来，因为站桩是不动的，而试力要动，站桩有了，还要动起来看看有没有。老先生还谈到空气阻力，跟前面讲的"活埋"是一个道理。还有一个问题是"力波之松紧"，什么叫"力波之松紧"？手往前推，身体往后走；手往后拉，身体往前走；手往上走，身体往下走；手往下摁，身体往上拔。说的是手与身法的配合，就是"力波之松紧"。

笔者认为，讲《拳论》时，如果不讲在实际过程中如何具体练，只是干巴巴地讲理论，是讲不明白的，更不容易被读者们接受。

跟常先生练拳时，笔者感觉常先生的拳跟其他人的拳最大的区别是，特别强调站桩，通过站桩出功夫，获得自然力。自然力是根本，是纲，纲举目张！这纲举目张是笔者说的，实际上常先生就是强调站桩，从桩中站出功夫来，就是这个思路。

其他拳的思路，主要是针对实战的套路，对站桩的要求不是很高。

笔者跟常先生学拳的最大收获是学会了站桩。笔者传承站桩，是想让广大读者学会站桩；学会了站桩，这武术就算传下来了。

试力的第二段，"所试各力名称甚繁：如蓄力、弹力、惊力、开合力，以及重速、定中、缠绵、撑抱、惰性、三角、螺旋、杠杆、轮轴、滑车、斜面等各种力量"。试力能试这么多力，《拳论》里恐怕还没说全。《拳论》里说的，实际上就是把人给"练碎"了。练出很多劲儿以后，劲儿就能互相争力。

当初笔者在练拳的时候，也有很多老师说这儿跟那儿争力，这些都是"二争力"。实际上大成拳不是"二争力"，是"乱争"。不知道是几个力在争，也可能是"三争力"，也可能是"四争力"，所以是乱争。对此特别难表述，最接近的描述应该就是乱争。乱争就是不知道哪儿跟哪儿争力，比如你跟人搭手，对手稍微一动，你随着他一动，力马上就变了，就不是这么争了；或者你一动，稍微动一点点，这争力就变了，变成跟别的地方争了，所以是乱争。乱争比较准确，而不是具体的哪儿跟哪儿争。这一乱争，就争出很多"象"来了，这力、那力全出来了。如果有点儿物理知识，随便想就能把这些给想出来。所以这些力实际都是身体里劲儿多了以后，产生的一种争力。这一乱争，你可以去想象，有哪方面的知识，就有哪方面的想象力。能说出《拳论》里这些内容的人，对物理比较熟悉。其实这些话不见得是老先生说的，老先生的学生里边有很多比较有知识的人，可能是他们说的。

讲到这儿，突然觉得写《拳论》的人水平挺高的。他能试出这么多力来，也能想出这么多力来，说明他身体里得到的具体的劲儿挺多、挺整的。尽管不是老先生写的，但老先生很认可。

接下来的"各种力量，亦自然由试而得知"，是说，力确实是由试才知道的。"盖全体关节，无微不含屈势，同时亦无节不含放纵与开展，所谓遒放互为，无节不成钝形三角，且无平面积，尤无固定之三角形（不过与器械之名同而法异）。"这段是说，如果能出很多劲儿，很多部位能出劲儿，那么这些是什么劲儿呢？这些劲儿是怎么出来的？是通过站桩的疼酸麻胀，形成遒放互为，放纵开展，就是伸跟缩。简单地说，有了劲儿，这个劲儿是你站在那儿不动时得到的，有劲儿时还是松的，这正是咱们大成拳追求的劲儿！这个劲儿才是中国武术真正提倡的劲儿。如果得了这个劲儿，其实就是入门了。笔者把这个劲儿叫作"松紧同时存在"。

再讲一下三角力。三角力不好讲，笼统地说，就是乱争得出三角力。接着讲三角步，这是常先生经常说的，而且老先生也老说三角步。这"三角步"是创新词，实际上就是传统形意拳里的蛇形步，一个快步，一个整步，还有一个寸步。这三种步法要是练好了，统称三角步。

寸步，前脚一蹚，后脚往上跟，这是倒重心。如果站桩站好了，功夫深了，前腿跟后腿虽然是"前三后七"，但是重量能倒换，前腿一使劲，重心就能变成"前七后三"，"前四后六"也能变成"前六后四"，能来回倒。

整步，是从后腿到磨胫，从磨胫到前腿，这是一整步，是常规的整步。但还有一个非常规的整步，紧急情况下，能做到常规整步的一步，留有半步的余量，就是后腿跟步到前腿成磨胫，俩腿并在一块儿的时候，重心能互相倒。具体地说，左腿在前，右腿在后；右腿一上步，上到磨胫的位置时，前腿吃重，后腿是虚的——右腿是虚的，左腿是重的。一瞬间就能倒过来，变成右腿吃重，左腿是虚的。

左腿在前，右腿在后，完成一整步。一般是右腿往上跟，跟到磨胫，然后再出右腿，这是一整步。实际上，在磨胫这儿能变，俩腿一并以后，可以互相为持重腿。现在是左腿为实的，右腿为虚的，一倒就变成右腿是实的，左腿是虚的，这时候能出左腿，它有这么一个变化。比如说，走一整步，右腿在后头，到了磨胫的位置，然后出右腿，右腿就变前腿了。实际上右腿到磨胫这儿以后可以出左腿，等于还是左腿在前，右腿在后，这在《九要论》里叫"前腿变成后腿的前腿，后腿变成前腿的后腿的后腿"（原文是："如前步进焉，后步随焉，前后自有定位，若以前步作后，后步作前，更以前步做后之前步，后步作前之后步，则前后亦自然无定位矣"）。《九要论》里的这段内容挺拗口的，不知道读者能不能明白。这个步法要是走好了，就叫三角步。

这三角步一般人走不好。功夫好的，步法好的，还数老先生。常先生说老先生的步法特别棒，老先生跟人技击的时候，俩腿一磨胫、一并，谁都不知道哪一条是重心腿。比如老先生看着是俩腿一前一后分着站，左腿在前右腿在后，他后腿一上步，俩腿一磨胫，往这儿一站，你就不知道他接下来会出哪条腿，他能出左腿也能出右腿。他实际上能变成一步半，也特快。郭云深的步法特棒，他步子大，只要一圈上你，你就跑不了，因为他是一步半。他还不只是能后腿变前腿，还能后腿变成前腿的后腿，能出一步半。这在武术中原来叫蛇形步，后来老先生等人称其为三角步。

常先生跟笔者说过，说他快五十了，见过能上整步的人只有老先生一个。他说完以后，笔者就开始留意，一直到今天已经四十多年了，没有看到一个人能上整步，能把后腿变前腿，更不用说变前腿的后腿，再变成一整步。这是三角步的奥妙。但是只会动作不行，因为这是功夫，必须通过站桩得来，得有好的桩、好的试力，最后才能走出好步法。

半步也好，一步也好，一步半也好，关键在于是否有力；

没有力，就是虚的。你一上步，人家一撞，就把你撞倒了，根本上不去。你没有横竖力的话，根本就上不去。为什么叫蛇形步？你看蛇，它符合横竖力的原理，三角力特别好。

现在，有的武术家以"站一马步或者站一弓步，多人推不动"为荣。中国武术没有这一项！站在那儿让人推不动，这不是中国武术家的修为！真正的中国武术家都是一条腿站着。为什么说老先生可以重心随便倒，前腿后腿重心能互换？因为，只有功夫深了才能互换。两条腿并在一块儿，重心一瞬间能互换，互换以后，往前也行，往后也行。站到两条腿磨胫的时候，根据情况，能往前，也可以往后，这一个往前跟一个往后合起来叫"三角步"，形成三角形，这时候是人站得最稳的时候。

老先生有一个观点，认为在技击中，人站得最稳的姿势是一条腿站着。你如果两条腿站着，人家要是用好了劲儿，一撞就能把你撞一跟头。如果对手的水平高，摸着你重心了，他一发力，你就躺那儿了。所以，两条腿是站不住的，一条腿就能站住。虚腿能够往前，又能往后，而且两条腿都可以做到既能往前又能往后。人只有两条腿能互为虚实地站那儿的时候——左腿能变成实腿，右腿也能变成实腿；右腿能同时往前和往后，左腿也能同时往前和往后；这时候是最稳的，叫作"三条腿"。老先生常挂在嘴边的一句话是，试力也好，站桩也好，你得站出三条腿！三条腿是最稳的，两条腿不稳。练得好的武术家都是三条腿，练到能用一条腿站着，另一条腿补漏，能根据情况是前还是后，两条腿互换。

这叫三角步，也叫三条腿。

据常先生说，老先生和人搭手技击时，腿一前一后的时候，没有锁定对手，这时候对手还可以跑掉。一旦老先生俩腿并一块儿，形成金鸡独立，就赢定了。他的上步跟退步都特别大，上步能上两步。他一上步，后面再一跟，步子就特大；往后退的时候，一退步就完全能够手脱离开，步子也特大。老先生的腿一上、一并、一磨胫，对手就跑不掉了。

"各项力量都由混元阔大、空洞无我产生而来，然混元空洞，亦都由细微之棱角渐渐体会"，说的是站桩，这里最主要的是如何理解"空洞无我"，因为各种力量是从空洞无我中产生的。什么叫空洞无我呢？站桩时，"疼酸麻胀"是每一个人都躲不掉的切身感受，都要有这个过程，只有经历过这种过程，站桩才能循序渐进地站进去。"疼酸麻胀"，到了"麻胀"或者"胀"这种程度，才叫无我，才叫空洞无我的状态。

站桩产生力，是在"疼、酸"的过程之后，身体生理在慢慢地变化，本身感觉挺难受、挺疼，将要产生力了；但是这力真正开始生成，是从"麻胀"开始的。站桩进入麻胀状态的时候，是无我的境界，身体没有感觉了。在疼酸的时候，你还能知道哪儿疼哪儿酸，身体还有感觉。到了麻胀的阶段，身体麻木了，没什么感觉了；胀的时候，好似胳膊戴了个套袖，身体穿了个防弹衣或者钻碉堡里似的。此时，具体的身体感官基本就没有了，进入无我的状态了。空洞无我的时候，是力量开始生成的时候。渐渐地，自己有感觉了，力开始形成。其实疼酸的时候生理状态已经开始发生变化了。站桩者只能感觉到难受，感觉不到力量正在形成。站桩时间长了以后，到了麻胀状态时，能感觉到这些劲儿慢慢出来了，就像前面说的，练出"三节"了，关节等部位的劲儿也是一个一个出现的，都是由"细微之棱角渐渐体会方能有得"。

"不论试力或发力，须保持全体松和，发力含蓄而有听力，以待其触。"这里谈到了发力。在试力篇当中，能谈到发力特别好，值得去思考这个问题。老先生谈的大成拳发力跟一般体育运动说的发力不是一回事儿。其他武术和体育运动谈的发力，讲究速度快，要求重量加速度，发力要冷、脆，等等，不一而足。实际上这些都是抡力。

前些日子，我做了几个试力，包括炮拳试力和推拉试力，还打了一套形意拳。我练的这些实际上就是发力。虽然我的水平很低，我的发力很不好，但是我的练习过程体现了咱们大成拳的发力，体现了中国武术的发力。从表面上看，大成拳的发力，或者说咱们中国武术的发力形式就是这样的。

具体地说，就是"搬拦拿扎"。发力是一个过程，其中，"搬"必须有搬力，要有"展、抗、横、抖、顺、劈、搂、搬、把、撑"，必须能体现出这么多种力，才叫发力。

中国武术的发力有几个特点：第一，稳；第二，长；第三，变，说的是横竖力转换，横变竖、竖变横。具备了以上这些特点，才叫中国武术的发力，其突出特点是搬。具备

"搬拦拿扎"这四种力，才是一个完整的发力。

搬要稳，什么叫搬？举例来说，端着一满盆水，从一个地方到另一个地方。一米也好，十米也好，我端着一盆水走过去了，稳稳地没有洒出来，这就叫搬，叫稳。

什么叫拦？拦就是搭手，这说的是枪法。对方冲着你来一枪或者一刀，你也拿着枪，去接对方的枪或刀，一接触上就叫拦。你得拦住了！搭枪、搭刀、搭手，人家给你一拳，你把这手给拦住了，用你的手去接他的手，这叫搭手。你必须用手或手中的器械抵挡。

搭手、搭枪、搭刀、搭剑、搭棍，这是搭，必须接触上，这叫拦。

什么叫拿？拿体现在"敌横我竖，敌竖我横"上，能做到对方用竖劲你用横劲，对方用横劲你用竖劲，这就把对方拿住了。

最后才是扎。有了搬、拦、拿这三项做基础，才能扎，才能要敌人的命。搬、拦、拿、扎，一气呵成，这叫一个发力。这个时间很有弹性，视对手而定。时间长的话，可能是一秒，也可能是两秒。

以前我也练过像他们那样一哆嗦、一发力的那种发力。如果总是练这种哆嗦的发力，练惯了，将来改都不好改，因为错误已经定型了。笔者就遇到过这种问题，现在演示的发力，有时候是错的，就是因为练以前那种哆嗦的发力练得太多了。

推手的时候也要尽量练这个"拿"，把对方拿住了，"敌横你竖，敌竖你横"。你要拿着他，不要发力，不要往他身上捅一下。为什么呢？你老练拿，练成习惯以后，你再发力，这力就是对的。如果拿不住人，老是练空发力，倒是挺痛快，一下一下地往他身上杆，但是发力不对。这错误定型以后，再改就不好改了。

推手，需要两人用同等的劲儿来练习。开始的时候尽量多练"拿"，要对等用力。如果用比对方大的劲儿，就体现不出"拿"了。

总之，要懂得发力。发力是站桩站出来的，通过试力、推手、搭手这么慢慢地、一步一步练出来的。站桩是不动的，在不动当中得着劲儿，然后再将其用于动中（试力是动），使试力当中也能得着劲儿。之后再练搭手，搭手就是持重。试力时是不持重的，虽然动，但是不持重。在试力中，把劲练好了再去搭手。搭手不但动，而且还持重，这是最难的。搭手时，是在持重的情形下动，有了力之后再使用，才能达到技击的效果。

"松紧紧松勿过正，虚实实虚得中平"，这句话很抽象。在站桩过程中，从第一天开始，就要试图克服或者解决"松紧紧松勿过正"的问题，一直要奔着这个目标走。学站桩，老师给你摆个姿势，这个姿势只要摆得基本对就行。你首先是紧的，局部紧，这一点是绝对的。之后，通过很长时间的站桩，局部紧变成局部松。局部松了以后，又出现另外一些紧的部位，然后紧的部位又松了，以后还会出现其他紧的部位。就这样一层一层往深层次走，当初紧的部位经过疼酸麻胀这些过程，最终紧的劲儿能变成力，但是这个力是紧的。你要是站对了，这个力是紧的，有力。继续站，经过长时间的磨炼，它就变成松的了。然后还得加力让它紧，之后又让它松。这么反反复复，最终要达到：第一，有劲儿；第二，是松的。按老先生的话说，就是舒适得力。所谓"舒适得力"，舒适就是松，松了就舒服了；得力就是有劲儿，在有劲儿的情况下还舒适，实际上就是松紧同时存在。也就是说，有劲儿跟松，是同时存在的境界。追求这个境界的过程就是"松紧紧松勿过正"的过程。

这在试力篇中提到，似乎只是在试力当中要求这个，其实不尽然！"松紧紧松勿过正"是在站桩、试力、搭手的过程中都要追求的，是贯穿于这三个环节的。

虽然《拳论》中的这些话，十句里有八九句的的确确是老先生说过的，但是不能按其中写的来练。正确的练拳要经历三个过程：第一，不动，就是站桩；第二，动，就是试力；第三，搭手，就是持重。

《拳论》的执笔者，通过跟老先生学拳，同时根据自己的领会，汇总整理成《大成拳论》。他写的站桩、试力、技击、试声，等等，水平挺高的。

前面讲过，笔者的大成拳老师常志朗，是老先生手把手教的拳。笔者跟常先生练拳，常先生是综合一起教。说桩，一会儿也说试力；说试力，一会儿又说桩，一会儿又说搭手；说搭手，一会儿又说技击；说技击，一会儿又说桩。老是综合一起说。起初笔者也不明白，以为是常先生的语言表达出了问题，后来时间长了，才回过味儿来。常先生跟笔者说拳，就是一股脑儿地整个混着说，因为常先生跟老先生学拳时，老先生也是这么教他的。常先生教笔者的东西，就是老先生教他的东西。常先生是在按照老先生那个路子教拳。

老先生跟郭云深先生学拳的时候，应该是口传心授地传下来的。以前没人把拳分得那么细，也不会把它割裂成几个环节，包括《九要论》，虽然说得很好，从一到九都说得很好，但是有些东西其实说得很笼统，不是那么具体的。

这个力，狭义上说是大成拳的力，广义上说是中华武术的力，不是按他们说的那种步骤练出来的，如站桩、试力、试声、摩擦步、推手、断手，等等，不是这么分的。《拳论》中写的这些东西都是从站桩中得来的。站桩从形式上看是不动的，桩要多深就有多深，是无底洞。站桩得到了这些东西，再试力还是这些东西，试力和桩的内涵是一样的，不一样的只是外形。桩是不动的，试力是动的。搭手和站桩、试力里边的东西是一样的，不一样的地方是搭手时是持重的。比如说有个敌人，把他的力搁在你身上了，和你较劲，而且这种较劲还是活的。敌人跟你较劲，想限制你，这叫持重。

在站桩试力中得的这个东西，在持重的情况下还有没有？还能不能做出来？实际上，搭手是在练持重，所以说站桩、试力、搭手都只是外形的变化，一个不动、一个动、一个持重，里边练的东西是同一个，只是程度不同。外形的变化特重要——外形的变化决定了里边的东西，第一是不是正确，第二是不是熟练。只有里边的东西非常熟练了，熟练到自然的程度，你才能在形的变化中转换，是动，是不动，还是持重。动跟不动是一样的，持重跟不持重也是一样的。主要是看你里边熟练到什么程度，如果特别熟了，才能随意变化。

技击跟站桩、试力、搭手有什么区别呢？技击必须是精神和技术的结合，缺一不可。光有技术没精神，不能成为技击；光有精神没有技术，也不能成为技击。技击的过程又分两个层面，一个是技术，一个是精神。我们通过站桩、试力、搭手，能学会技击的技术。站桩、试力、搭手练好了，技术就没问题了。那么技击中的精神要素该如何运用呢？要有"置对方于死地"的决心，一定要有这种精神准备，才叫技击的精神。形意拳里有句话叫"五行合一处，放胆即成功"，说的就是这个意思。你还得有胆儿，没胆儿也不行，这胆儿就是精神。

常先生在教笔者时还有意把老先生教他的那些原话复述出来。笔者通过多年跟着常先生学拳，体会到站桩、试力、搭手这三个环节才是老先生的本意。在武术中，力、气、意是一体的。练大成拳只有站桩、试力跟搭手，没有很多其他环节，尽管《拳论》中写了很多环节。

读者朋友要想练好大成拳，就一定要理解老先生的拳学思想。"松紧紧松勿过正"就解释到这里。

接下来说"虚实实虚得中平"。如何理解这句话？站桩得到不动之力，有劲儿的情况才能体会其虚实。站桩得到这个劲儿了，所谓的空气阻力有了，用"敌横你竖，敌竖你横"的原则，跟人动劲儿时，你会发现，有的时候这力是断的。如何解释力是断的呢？

笔者举自己的例子来说明，比如做试力时，感觉有50%—60%的力是断的。在得了劲儿以后，不管是在站桩、试力还是搭手的过程中，总会感觉到劲儿有断的时候。没有得着这劲儿的时候，不知道什么叫虚实。当时学习抢，觉得抢得挺好，其实这里边断点太多了，99%是断的。也就是说，接触到对手这一瞬间的力是不断的、是实的，剩下的全是虚的，连1%的实的时候都没有。

咱们要求力是不能断的。这是理想化的追求，真正做到100%不断，是不可能的。老先生也会断，只不过他的断点少而已。你要没有这力，连虚实都不知道，可能还认为自己全是实的。你要是认为自己全是实的，那么根本就全是虚的，根本就没有实的。世界搏击冠军的力也就1%是实的，99%是虚的。实际上他们不知道虚实，没有这概念，现在的研究还没到这种地步。断点就是虚的，不断才是实的。断点特别少的时候就是"虚实实虚得中平"。

"尤须功力笃纯，方可逐渐不加思索，不烦拟意，不期然而然，莫知至而至，本能触觉之活力也。具体极细微之点力，亦须切忌无的放矢之动作，然又非做到全体无的放矢而不可，否则难得其妙。"这段话说的是站桩，同一个外形的基本桩是分级、分程度的。只要站桩能站整了，就能具备这种"不期然而然，莫知至而至"的不假思索的本能。基本桩站到"不期然而然，莫知至而至"，如果碰着力，自然就能运用"敌横你竖，敌竖你横"的横竖力使用原则，就能顺着对方的虚点进去，往里走。这就叫"不期然而然，莫知至而至"，是站桩站整了以后人的一种本能。只有站到这种程度，之前站的基本桩才会自动晋级成技击桩。这时候就不再是养生桩，也不是基本桩而是技击桩了，外形没有变化。

需要鼓励读者朋友的是，只要站桩的姿势正确，时间够了，一定能站到"不期然而然，莫知至而至"这种境界。原来笔者练拳的时候看《拳论》，"不期然而然，不知至而至"的境界太高了，认为这是根本不可能达到的。但是，跟着常先生学拳，经过多年练习后，改变了自己的判断，现在认为能达到，平常人也能达到。

"具体极细微之点力，亦须切忌无的放矢之动作，然又非做到全体无的放矢而不可，否则难得其妙。"这是在讲三节。岳飞《九要论》中的三节，每一节上都是点，能把人"练碎了"。其实这是老先生的话。老先生这么说，很难理解。为什么要解析大成拳？笔者理解老先生的话，就是把人练碎了，越碎越整，碎到极处，整到极处。这就是"拳拳服膺谓之拳"。

练习步骤之三　试声

试声不用练。试声是用一跟五的谐音，气不外吐，这是原则。笔者传承老先生的思想，不要求专门练试声，知道就行了，主要还是站桩。桩站好了，试声自然就会了；桩站不好，就别试声了，试也试不会。

练习步骤之四　自卫

"自卫，即技击之谓也，须知大动不如小动，小动不如不动，要知不动才是生生不已之动……一动一静互根为用……枢纽之稳固，路线之转移，重心之变换……亦须在平日养成，随时随地，一举手一抬足，皆含有应机而发之准备。"这比较抽象，平时站桩、试力、搭手都要练，这些是技击的基础。"五行合一处，放胆即成功。"技击，是很自然的。

"至于提打、钩打、按打、挂打、锯打、钻打、搓打、拂打、叠打、错打、裹打、践打、截打、堵打、摧打、拨打、滚力打、支力打、滑力打、粘力打、圈步打、引步打、进步打、退步打、顺步打、横步打、整步打、半步打、斜面正打、正面斜打、具体之片面打、局部之整个打、上下卷打、左右领打、内外领打、前后旋打，力断意不断，意断神犹连，动静已发未发之时机和一切暗示打法"等，实现这些打法才能叫技击。这些打法是如何具体实现的，《拳论》并没有讲。

中国武术的技击是在搭手后实现的。这些打法都是老先生说过的，这么多打法都是在搭手的前提下去实施的。"搭手"，这是最关键的一个词，《拳论》中没提。首先要搭手，关键也是搭手。这些打法如果不能用搭手的方法来实现的话，都是抢。通过搭手出来的东西才叫技击！技击跟拳击、散打、MMA（综合格斗）的区别就在这儿。中国武术，如果不搭手，单凭抢，就不叫技击。

要想搭手后能用上这些打法，必须要有不动的力作为前提，这是技击的机关，也是技击的奥妙。如果没有不动的力，用拳击、散打的劲儿，那么都是抢力。在这种情况下让你去搭手，用这些打法，还真打不了，必须得抽手，俩手互换着去抢。

"大动不如小动，小动不如不动，要知不动才是生生不已之动。譬如机械之轮，或儿童之捻转儿，快到极处，形似不动"是有条件的，前提是不动的时候要有力。如果不动的时候没力，那么正好相反，不动还真不如小动，小动真比不上大动，还是小动和大动好，大动最好。大动还能抢出点劲儿来。不抢，就谈不上技击了。

不动，不是说你完全不动了，而是说你要有不动的劲儿；如果没有，那么你还是要动起来，还得抢。因为你如果不抢，就出不来力。我们如何得着这个不动的力？从站桩中得。中国武术的诀窍、机关、奥妙是站桩。

"一动一静互根为用"说的是通过站桩，有了不动的劲儿。需要注意的是，在技击的时候不是不动，你有了不动的劲儿，可以大动，也可以小动。小动也好，大动也好，技击的时候必须要动，包括步法，"路线之转移，重心之变换"都要动。

技击必须得动。如果你没有不动的劲儿，动的时候力是断的；出拳之后，动作只能在到终点的时候才有劲儿的，在这过程当中（抢出来的路线）是没有劲儿的，专业术语叫断。有不动的劲儿作保障后，这劲儿能不断，在身体里永远存在，一直贯穿于动的全过程。一直有劲儿，劲儿是不断的，这才叫技击。

中国武术跟拳击散打有区别，强调具备不动的劲儿，在技击时也要有动作，也要动，甚至也有抡的时候。但不同的是，咱们抡起来，这力是不断的。散打、拳击没有这不动的力，抡起来是断的，只是到终点碰撞时这一下才有劲儿，而过程当中是虚的，这就是虚实。中国武术要练到在整个过程当中尽量都是实的，不能有虚点。这是中国武术技击与散打、拳击的本质区别。

以上是照着《拳论》讲的技击的部分。讲了"大动不如小动"，还有打法的问题。

笔者觉得《大成拳论》这一章里讲的技击理论现在没必要讲了。为什呢？因为现在的人不知道什么是真正的技击，把打当成了技击。跟随笔者练了很多年拳的学生都知道，笔者从来不讲技击，一直谈的是站桩。《拳论》里写了，所以不得不讲。当时写《拳论》的年代，技击是需要的，但是根据现在中国人对武术的认知程度，当务之急是把"技击"的概念给界定清楚，然后再谈"大动不如小动，小动不如不动""提打、按打、进步打、退步打"，等等。

笔者借着讲《拳论》的机会，分三点说一说对技击的看法：

第一，武术技击不是打。

依笔者看，打不是技击。现在的人把打当成了技击，一提到技击就是打，一提到传统武术也是打。不管是形意拳，还是太极拳、大洪拳、小洪拳、大成拳、八卦，全是打。

第二，技击是什么样的？

武术技击跟散打、拳击等那些打是不一样的，最主要的区别是使用的力不同。拳击、散打、MMA（综合格斗）等等，用的是外力，全是抢；技击用的是内力，是内争力，是不动的劲儿。在具备不动的劲儿以后，才能技击。什么叫不动的劲儿？就是不动的时候有劲儿，这劲儿还是松的。

老先生说"钻裹践"就是技击。"钻裹践"就是刚柔相济，刚柔相济就是不动的劲儿，是不动的时候还具备劲儿。这不动的劲儿在传统武术当中应该叫气意，或者叫意、力、气的合（内三合）。这就是不动的劲儿。怎么练？目前来讲，只能通过站桩。知工知令（注：知工是时间，知令是要求），慢慢地就能练出不动的劲儿。

第三，在技击的过程中要动。

站桩站出不动的劲儿，不是为了在技击当中不动，不是这个意思。具备了不动的力，在技击当中能听出对方用力的方向，才能"不期然而然，莫知至而至"。古拳谱有"拳打三节不见形"一说，老先生爱说三段九节。比如说，我打人一拳，我的脖子用上劲儿了，可是从外表上看不出脖子上用劲儿了；再比如，打人的一瞬间，手腕子上用劲儿了，牙一咬……这些你怎么看出来呀？这是三节里边的。三节的每一节又分三节，是可以无限细分下去的。你哪儿用劲了，在外形上看不出来。"拳打三节不见形"是里边用什么力在外形上反映不出来的意思。技击还是要动的，用的却是不动的力。

练习步骤之五　技击桩法

技击桩法里的这些词，是老先生说的。之后，有人把老先生的这些话整理出来，写成了技击桩法。

第一，神意之运用跟力之运用是不能分开的。意、力、气不能分开讲。神、意、气、力是一回事儿，神是意、力、气的外在表现。

第二，力不是从试力上得来的，而是在站桩当中站出来的。关于力，试力当中也可以求得、推手当中也可以求得，老先生说的这些话既适用于站桩，也适用于试力，又适用于推手。而且，大成拳的练法按阶段分，只有三个环节：站桩、试力、推手。练的是同一个东西，三个环节不能割裂。站桩，练的是神、意、气、力；试力，练的也是神、意、气、力；推手，练的还是神、意、气、力，都是同一个东西。

练拳的方法不好写。拳怎么练，描述出来太难了。练拳还是得口传心授，看书练不行。例如，"练习者把站桩的姿势弄对了，每天站四个钟头，上午、下午各两个钟头，站十年"，这句话如果写到书里，没有一个人会信。我教学生的时候反复强调，站桩、站桩、站桩，大部分学生不信。"姿势弄对，站十年桩"八个字就能写本书，但是写完了谁看呀？

《拳论》里技击桩法的内容就不讲了。虽然这些东西的确都是老先生的话，但记录的是老先生练成后的体会，初练者没有必要拔苗助长，在臆想中追求老先生的那种体会。练拳要一步一步来，练的时候也没有必要按照《拳论》写的技击桩法来练，笔者传授的这种练法是老先生传下来的。老先生教的练法，跟《拳论》里写的不一样。

在这本《拳论》里，老先生说到站桩，说是经过很长时间练习才站到技击桩。这个次序写得特别好，没提养生桩，表露出老先生拳学思想的原貌。《拳论》一开始讲站桩，讲试力，讲了半天，最后讲技击桩。老先生留下的著作中讲得最好的是技击桩。后来人们写大成拳、意拳的这些书里提到的站养生桩、站技击桩的姿势等内容，老先生的《拳论》里不是这么写的。

笔者自己练了二十年传统武术，其中练了六年形意拳，在练形意拳期间还练了少林拳、通背拳，后来跟常先生学八年多大成拳，一共二十年。笔者认为王芗斋是个伟大的人。他的伟大之处在于，他提出了技击桩。技击的能力从哪儿来的？从站桩来的。站桩，站到一定程度后，练习者才有技击的能力。老先生把传统武术的技击是怎么练出来的问题挑明了。武术的技击是从站桩中得来的，只有通过站桩才能站出技击的能力。老先生明确回答了武术的技击是从哪里来的这个问题。老先生提出技击桩的概念，在古今中外是首次。从古到今的书籍没有提出技击桩的概念，没有人回答过武术技击的能力是如何来的。

古人当然会练拳。在当时的社会坏境中，练武的人全站桩，这是基础课，不成问题。但是，明朝以后，由于武术濒临失传，这已经成了问题，而且成了最大的问题，是关乎传统武术生死存亡的问题。

老先生不但提出"技击桩"的概念，而且把练习的方法也传了下来。他传给了常先生，常先生传给了我。因此，武术还没失传。所以，我说他伟大主要是伟大在这儿。他不但把这个技击桩学会了，还给传下来了，并且记录了下来。尽管不是老先生亲笔写的，但是他说出来了，让别人写了下来，最终使咱们这个传统武术还有传人，没灭种。

技击桩，是老祖宗历经千百年冷兵器时代战场上的保家卫国实践，一点一点总结下来的。

技击桩实际上是养生桩的顶峰。站桩站到技击桩这个份儿上，才能真正明白养生。因为站到技击桩的境界，才能站出空气的阻力，形象点说，是被空气"活埋"。站桩体会到有阻力感了，这阻力感就是劲儿。因为有阻力，你不用劲儿就动不了；有阻力感了，你想动，就得使劲儿。这时候你就有力了。这个力就是前文讲的"内三合"。形意拳讲的与大自然相呼应，实际上指的就是这个空气阻力。这时，养生跟技击兼得，内五行和外五行相表里。这也是中医养生理论，是养生的顶峰。这时，人才有了技击的能力。

武术是军事的重要组成部分，中国武术是生存之道、是人生哲学之基础。武术不是竞技体育，但武术可以发展成竞技体育。如果老把武术看成打人，是不懂中国武术的，纯属外行。摔跤和武术是两码事。什么是技击的能力？就是之前讲的"有感即应，一触即发""不期然而然，莫知至而至"。从力的运用的角度来讲，应该有横竖力；横竖力能够同时出现，熟练以后能变成圆的。

广大读者中的有志之士，能够从技击桩里认识到老先生是个非常了不起的人。笔者回顾几十年的练拳生涯，太极拳也好，形意拳也好，乃至少林拳等其他各派拳也好，现在练的套路，不管是慢练还是快练，跟其他运动的原理是一样的。真正武术的好套路是对内力的一种描述——简单的几式而已。但如果没了内力，套路一点意义都没有。内力是从桩上得到的。中国武术有套路，即是内力的外在表现形式与体现；没有内力，套路就成了无源之水，"皮之不存，毛将焉附"？

　　拳击、散打、泰国拳、巴西柔术等练外力的这些东西，只要碰见比自己力大的，对手一出拳打自己，无论打在身体上哪个地方，比如胳膊上或身上，只要能打上，自己就出不来拳。在两力相接的时候，力出不来，只能躲过去再出拳，而不能同时出。

　　如果是站桩站出的力，在对方打到咱们胳膊上或身上时，只要不是打到要害部位，咱们就能把这拳打出来。这是站技击桩的力跟拳击、散打的力不一样的地方，只要双方接触上，就能出拳。这才是技击！

　　古人只有站到技击桩这个程度，才能叫入门。先站桩，水平慢慢提高，最后达到技击桩的程度。虽然过程就是这么个过程，但是过去一直没人单列出来，没有明确要求过。站桩不是慢练，是"不动着练"。由"不动着练"而练出的力是一种争力；动着练，练出的力是抢力。这两种力是不一样的。

并不是说这个姿势是养生桩，那个姿势是技击桩。技击桩指的是一种程度，就是站桩站到一定阶段，把这技击的能力站出来了。什么叫技击能力？就是在不动的时候有力，能体会出空气阻力，这个时候再站桩就是技击桩，就有技击的能力了。有了不动的力，才能将其用到枪——又长又重、抢不动的枪——上去，运用搬拦拿扎的原理在战场上进行博斗。武术技击保护着中华民族，并且延续至今。

老先生提出的武术原理是"不动着练"站桩。站那儿根本就不动，最后能获得技击的能力，身体产生自争力，产生整力，最后能将这不动的力运用到搬拦拿扎的枪法当中。因为技击实际上就是枪法，不是徒手的东西。他在《拳论》里第一写站桩，第二写技击桩，实际上是委婉隐晦地道出：技击桩是站桩的高水平阶段。刚开始站桩，只有一个桩子戳在那里的架子。那时候练的是外力，还得不到站桩的奥妙。人一开始站桩的时候是练不出内力来的。老练老练，就像笔者说的"明三节"，慢慢地，最后才能把自己练整了；练整了以后才能和大气相呼应，才能体会出空气的阻力，这就是均整。这时候的站桩就可以叫技击桩了。这是世界上独一无二的。只有站到技击桩的程度才能明白站桩的奥妙，才叫入门。这时候才能在技击上运用起来。

虽然老先生有这么大本事，他的东西还是失传得差不多了，为什么就推广不开呢？在1949年前，老先生已经教了很多人，但是被他教会的这些人，大部分是当官儿的或者有钱的，老先生没有教平民百姓。他这个拳在平民百姓当中没有传播，这是导致老先生的大成拳几乎失传的原因之一。比如说冯玉祥，冯玉祥是有能力的，他练得也不错。但是冯玉祥不可能专心地教出几个徒弟，传承站桩，传承大成拳，他要干政治家的事。

站桩还没有站到技击桩的时候，力跟其他运动的力一样，是外力；只有站到技击桩的程度，力才是内力。技击用的是内力。站到技击桩，外力转成内力，武术就入门了。笔者觉得，站桩站到技击桩的时候，有内力的同时就具备技击能力了。外力要想练成内力，一定要会技击桩法。内力熟了，能达到化力。

当今习武之人都在练外力，能练到内力程度的人几乎没有，化力就更不用想了。武术为什么不能得到传承？因为中国武术这些年一直都在宣传外力的练法，跟拳击、散打、足球、篮球、排球是一个原理，没有修炼内力。

第九讲　论拳套与方法

"自清三百年来，为一般门外汉当差表演而用，即拳混子谋生之工具"，这是套路的来源。套路，对精神、身体、脑力都有伤害，对养生也没有益处。对技击而言，运用混击蛮打还不至于输，而要是用套路、方法，则必输。从清朝才开始有的套路，到写《拳论》时也只有三百多年。

老先生是武术打假者，武术是从清朝开始慢慢失传的。清朝初年到清朝中叶，中国武术还很厉害，也出了很多武术家，比如李洛能，就是清朝中叶的武术家。清末武术基本失传了，武术家也所剩无几。到了民国，老武术家相继过世。1949年后，中国的武术家只有老先生活到20世纪60年代。

老先生批判武术套路颇有成效，很多人认可他。现在凡是练大成拳和意拳的人都不练套路了，练站桩，本身就说明了老先生的成果。站桩练不到技击桩的程度，技击能力练不出来，所以练习者觉得站桩没用，站不下去，又继续练套路了。太极拳，还有形意拳，现在也有不少练习者站桩。虽然他们站得不对，但毕竟是在站桩。中国武术各门各派，除了大成拳跟意拳，现在还是以练套路为主。

第十讲　论拳与器械之关系

结合前面章节里讲过的内容，这一章比较好理解。"拳成兵器就，莫专习刀枪。"这里的拳实际上说的是桩。站到技击桩的水平，"则勿论刀枪剑棍，种种兵器，稍加指点，俱无不精"。中国武术技击的实战场景，是士兵手里拿着枪，因为枪重，用抢力抢不了，只能用站桩的力（自身的争力又叫内力）配合枪。历经千年，士兵在战场上生死搏斗，才慢慢被武术家从中总结出技击来。在战场上，重兵器优于轻兵器。抢力使不动重兵器，只能用争力来驾驭重兵器。如果敌人用抢力使的是轻兵器，我方用争力使的是重兵器，则我方占便宜。

但是，如果你练出了争力，再使用重枪，那么在冷兵器时代的古战场上，你就是高手，绝对的高手！可以说，是无敌的。

现在的搏击擂台赛，选手们戴着拳套，不管是散打、拳击，还是泰国拳，等等，这些擂台赛都不适合咱们武术站桩站出争力的人。因为戴的拳套，谁都抢得动，你没有争力就是抢力。这拳套很轻，比日本战刀还轻，谁都抢得动，抢这拳套的抢力比争力有优势。用抢力只能拿轻兵器，而重兵器是抢不动的。咱们今天说的争力跟重兵器的结合，在岳飞的《九要论》中有解释。

第十一讲　论点穴

　　笔者这一生都没有受到过点穴的困惑，这也许是因为我父亲。我父亲也是练拳的，他接触过尚云祥、李星阶等武术家，对点穴比较了解。我六岁起就跟我父亲练形意拳。那时候，他没说过点穴，也没有飞檐走壁的功夫。在我小时候，我问他："武术有这么厉害？"我父亲说："这都是小说故事。"

　　社会上有很多人聊点穴、飞檐走壁的事，有很多人信，因为中国武术失传了，大家判断不了真伪。因为没有鉴别力，武术的谣言多了，大家也不知道什么是正确的东西，这些不正确的东西就出来了。飞檐走壁跟点穴大多是清朝以来流传的故事。

第十二讲　天赋与学术之别

天赋确实存在，各行各业都存在有天赋的人，而且，越是技术含量高的领域，天赋的作用越突显。那些技术含量高的行业，在选择人才时，尤其看重天赋。

天赋与学术存在区别。一个人不管有多高的天赋，也不管是哪方面的天赋，如果不学习，那么这些天赋是一点儿也用不上的。

想要学好一门，除了要有好的老师和好的环境，还要肯下功夫。学术成就的高低取决于个人的天赋，刻苦是一方面，达到一定高度时，完全取决于天赋。比如练拳，每天都站俩钟头，练十年，下的功夫是一样的，都是同一个老师教的，教的内容也一样，出徒时，各自水平的高低完全取决于天赋！天赋低的人每天即使多站半小时，甚至一小时，也超不过天赋高的人。天赋决定最终能达到的高度，各行各业都这样，不服不行。

拿体育界来说，水平比较高的教练选学生时，也重视天赋。但是，即使有再高的天赋，如果不练，或者说练错了路子，那也没有什么用。

中国武术，无论哪门哪派，为什么现在出不了好苗子？这跟天赋没关系。有再高的天赋，进入现在的传统武术圈也被埋没了，因为传统武术失传了！现在传统武术练的都是套路，是招儿，是方法，这等于沙丘上筑塔！即使有再高的天赋，如果用一种错误的训练方法练习，这个天赋也会被浪费的。

传统武术的训练方法是站桩，站到技击桩的程度，就入门了。有一批具备天赋的人做基数，是中国武术的根基。要把大成拳给复兴起来，必须得有一批能站技击桩的人。有了这批人，咱们就可以传承大成拳了，教的人越多越好。这些人如果没有天赋，站桩也不会站到技击桩的水平。

这批人是基础，有了这批人才能传承中国武术。比如老先生这种人，或者郭云深这种人。这种人如果能出来，中国武术就能发扬光大了。

武术不全是打，练的人多了以后，可以分成几个方向，但是其中有一个方向是技击。以后我们国家还要建立武术的规则，自己强大了以后，还可以打擂台赛，跟外国人打擂台赛，这些都可以。将来时机成熟时才能打擂台赛，因为这是大众的需求，有市场，能挣钱，练拳人能养活自己，能搞职业；有了固定职业以后，水平才能提高。业余的跟职业武术人员虽然练的是一样的东西，但是效果与水平悬殊太大。在有天赋的职业练拳人当中，才能出高手，才能推动传统武术事业的发展。

第十三讲　解除神秘

武术界有很多神秘的东西，比如二指禅、硬气功这些。虽然个别人做一两个动作很有功夫，但那不是拳道。咱们说的拳道实质上说的是全身的功能位。拳学、拳道简而言之是一门大学问，看着简单，其实很深。

这类"一招儿鲜""一招儿灵""一招儿绝"的东西，个别人很笃实地做一两个动作，很有功夫，刻苦地练，有个三五年兴许就能练成；练成了，也就到头了。但那不是练武术，武术不是这么练的。凡是大学问，都存在一个共性：表面简单，实则复杂。真正的大学问，瞧着简单，比如咱们站桩，别人看上去很简单，好像谁都行，实际上一点儿也不简单，不是谁都能练的。很笃实地做一两个动作，确实挺难，要是真练还真得吃苦，但是这种练的是局部，不是整体，咱们拳术追求的是整体。

站桩，看着简单，但不管是谁，终身都练不到尽头。老师给领进门，正确地练十年，领进门就看见"天涯路"了。入门那天才知道，离顶峰怎么还差这么多呢！练到老也练不到头。这是绝对的！顶峰的境界是终其一生也求不到的。

在《拳论》的这一章里，老先生说，有的东西不是什么大学问，但咱们的拳是大学问。当你知道武术练好了到底是什么境界的时候，比如说老先生的技击境界，这特别关键，后面的章节会介绍这方面的内容。知道这些以后，有了奔头，才觉得好练。

笔者练武术的前十二年里，不知道武术大家到底是什么样的，一直不懂武术，不知道怎么练，特别迷茫。那时候，我父亲告诉我，练武术练好了，像李星阶、尚云祥，第一是快，第二是劲儿大。在这期间，笔者追求快，追求有劲儿，练杠铃、哑铃，劲儿确实也长了，也挺快的，但是自己心里知道，还是不行，还是迷茫。那时没有套路，就是抢、打，连身上都不打，直接往脑袋上打。因为有时候身上打几拳不能把对方打趴下，干脆直接打对方的脑袋，抢上一拳就趴下了。当时觉得这就是真谛，就这么练。

后来，笔者跟常先生练了八年站桩，系统地学习了站桩，才知道拳不能追求快，也不是追求力量大，而是要练整体，要练人的本能。守中、用中、夺中，等着对方，就跟磨盘与拉磨的驴之间的关系似的，让驴去跑，磨在中间等着呢。你是磨盘，他是拉磨的驴。你让他去跑，你等着他，这样就快了，主要是练成了整体，就能"不期然而然，莫知至而至""有感即应，一触即发"，要把这些练到身上。

老先生是怎么跟人比划拳的？老先生是一位武术大家，了解了老先生，自然就解除了武术高手的神秘之处。老先生搭手好、整体好，是活生生的有血有肉的人，不会蹿房越脊、点穴这些东西。

广大读者接触到正根正脉的武术，对练拳很关键。点穴等所谓神秘的东西是不入流的。笔者曾说过："我跟常先生练了八年多大成拳，从心里头来讲，我离老先生近了。我写书，别人给起的书名挺多的，但都不能表达我内心追求的真心实意。我的真心感受是，走进老先生，离老先生近了，走到老先生心里去了，了解老先生的拳学思想，知道老先生是怎么回事，这对广大读者把握拳学方向至关重要。这才是我的切身体会。所以，我这本书的名字就定成《走近王芗斋——解析大成拳技击术》。"

第十四讲 知行解释

笔者曾说过：什么叫知行合一呢？就是不管学什么，在学习的时候，首先要有一定的"知"，有师父或者老师给我们讲"知"。光知不行、光行不知，都不行。好老师教东西的时候，都是强调知行合一的。如果你在单位遇到了一个好领导，这个领导一定也是知行合一的。他肯定既让你知，又让你行。知行合一，这是干成事儿的必备条件。

就大成拳来讲，我（笔者）教你站桩，首先告诉你这桩怎么练，这就叫知。知了之后，你根据我的要求去练，也站够了时间，知工知令，这就叫知了也行了。知行合一，才能入门！一个没有知行合一的学风、作风的人是不可能入门的，更不可能达到一定高度，或取得一定的成就。

你首先要有一定的知，然后再行。在行的过程当中又对知有了新的认识。你的知又前进了一步，然后再接着站桩。站桩就是行。经过吃苦流汗以后，功夫长了，你对知又有了新的认识。知里面包含行，行里面包含知，所以说，站桩的水平是在知行的反复交错中提升的。在知行当中，站桩的水平被无限地提升，最后达到一个很高的程度。这时候就叫知行合一了。

有人说我（练拳的人）的知没问题，就是不能行。不管知道多少东西，假如你不能行，都是假知，其实就是不知。

有人说我能行，能做出来。但是如果仅仅知道理论，那么你还是做不到家，或者做的是错的。在知的情况下行，在行的情况下知，这样反复地提升，就叫作知行合一。

举个例子，比如学工科的大学生，毕业后到了工厂。他在大学里学的东西是从书本上、实验室里得来的。这只是有一点知，但是干起工厂的活儿，还不能独当一面。知很少，同时也行不了。单位人事部门让刚入厂的大学生去车间，先当一年工人，跟着工人师傅干一年活，在此之后就有点行了，然后再看看书什么的，知又多了一点。这样一个勤奋的大学生跟着工人干活，经过十年的锻炼，基本能够成为一个合格的工程师。

这个知行的问题，对于我（笔者）这个年龄段的人来说不是什么事，因为从小受的教育要我们跟工农兵结合。一直是这么教育的。我们就觉得这是自然而然的，不是事。但是现在还真是事了！这武术界，连武术的知都遗失了，整个在失传的状态中，更别谈知行合一了，根本无从谈起！现在咱们的社会风气普遍重视知，知道了就行了，不去实践。其实这是没有真懂。在这方面，现在的人真不如我们年轻时候啊。

无论学什么，做到知行合一，才能真正学会。

第十五讲　拳道丧失之原因

拳道、拳学、拳、中国武术、中华武术、传统武术，在本书中指的是同一个东西，也可以狭义地将其叫作"大成拳"。拳道失传以后，中国武术的自卫、利群等功能都没有了——不利群，不健身，不利于技击。

拳道丧失是从明朝开始的。老先生说，明朝既是武术的高峰，也是武术低潮的开始。在明朝以前，拳道是个非常高尚的东西，一般由国家的上层人士及军队掌握，就跟现在的军队武器似的，主要由国家掌握，民间没有武术人！武术都是在类似今天的政府官员、军人、警察、医生这类人中间传习，民间的底层百姓不练。从明朝起民间开始练武，比如打架斗殴，用老先生的话就是好勇斗狠，出现了很多社会问题，有的人没事就打架。武术被民间一些低素质的人用来做低素质的事，影响社会安定，这样一来，武术在国民当中的威信降低了。

武术在明朝开始下滑。下滑初期是缓慢的，下滑最快的时候是在清朝。在这一章里，老先生说："拳道之陵替，固应罪康雍二帝，以其时倡之不以其道也。"为什么武术在清朝快速下滑？清朝政府认为武术没什么用，只是上战场打仗用的。

清朝统治者非常欣赏汉字，于是招募明朝的文人，把明朝的文人请去做官、当老师，教授他们学汉字。所以说，清朝把汉字给继承下来了。清朝统治者重文轻武，重的是明朝的文，轻的是明朝的武，认为武术不行，所以把武术给丢了。官方不发展武术，流传千年的武术就这样从官方层面渐渐失传了。由于清朝官方不发展武术，拳道武术渐渐地在民间传承，私下传授。这样一来，人力少了，财力也少了，最要命的是武术改成秘传了。明朝的这些武术家有90%以上都不教了，只有极少数的武术家认为不能不教，不教就失传了。这些人教，但是变成了秘传，对于不想真教，又不得不教的学徒，只教套路、教招法，不教站桩，只有经过考察，合格的学徒才肯教站桩。时间长了以后，教套路的越来越多，教站桩的越来越少，而且教站桩时也很慎重，到最后甚至不教。

那些教套路的，可能大多数是头脑灵活的人，或者是无其他生计的人，学了套路以后，可以打把式卖艺挣钱。这么一来，套路兴，站桩衰，越练人越少，拳道越来越萎缩。因为是秘传，谁跟谁都不交流，信息也不发达，各教各的，久而久之便形成了派别。中国武术的派别就是这么来的。

教招儿就会出现差异。太极的招式是这样的、形意的招式是那样的，八卦的招式、少林拳各派的招式……每派都有每派的招法，各式各样，就是没有站桩！这也是武术失传的一个原因。在派别兴起后，我这边是这么练的，你那边是那么练的，因为学的都是招，招式又发展成套路，于是，越来越复杂，越来越差异化，各派都形成了自己的一套练法，进而又产生了拆手、拆招，这些就不一一详说了。

将小说里写的内容当作武术，这也是中国武术失传的一个原因。清朝有人写武侠小说，编写一些神秘的、吸引读者的内容，如飞檐走壁、点穴什么的。还真有很多对武术无知又很有兴趣的人，拿小说中写的内容当武术。

还有一个原因，就是拳谱出现了。到了清朝，拳谱开始兴盛。中国武术几千年都是通过口传心授来传承的，没有写拳谱的传统，只有岳飞写过一篇拳谱，练中国武术的人基本上认为拳法只能口传心授。清朝时，练套路的人开始写拳谱，这个姿势、那个姿势，再画个示意图。但是，套路能写拳谱，站桩写不了拳谱。

老先生一直说，不能照着拳谱练，照着拳谱练不了拳。老先生也说，清朝以前没有拳谱，咱们这拳一直是口传心授，公开地、老老实实地往下传，不也传得挺好吗？清朝有了拳谱以后，武术失传就厉害了。

清朝把武术传承的土壤铲除了，把武术传承人的底气给打趴下了。民国时期，有些军阀非常重视中国武术，想振兴中国武术，各地纷纷成立国术馆，举办过全国性国术比武大赛。但是因为军阀混战，国家没有真正统一，社会一直处于动乱之中。在这种分裂、战乱的情况下，武术没有很好地继承下来。老先生生于1885年，是清朝末年的人。他说他赶上了中国武术的尾巴。老先生还见过几个真正的中国武术家，例如郭云深、李瑞东、谢铁夫、尚云祥、孙禄堂等人。就他那岁数的人，还能见到这些武术家，武术家之间还能交流。这些武术家中最年轻的尚云祥，都比老先生大了差不多二十岁。

但是第二代练大成拳的人，没见过武术家，只见过他一个。老先生的意思是，你们都见过谁呀？你们没见过武术家！大成拳的第二代练习者还算见过老先生，比如常先生，他见过老先生，而且跟老先生吃住都在一起，他了解老先生。笔者本人就没见过中国武术家，但是常听常先生讲老先生怎么练、老先生跟人比拳时怎么比划，以及老先生的一些逸事。老先生教常先生练拳时说过的原话，常先生传述给笔者，笔者把这些都记录了下来，结合自己练拳、教拳的多年体会，撰写成广大读者手里拿的这本书。

现在有些人把中国武术家说成跟散打队员似的，就是抢拳。现在中国武术各门各派都是在抢，都是在散打。没见过真正中国武术家什么样的，很难练武术。你要是知道真的中国武术什么样，武术练习与传承方向就好把握了。为什么笔者将这本书命名为《走近王芗斋——解析大成拳技击术》？就是想让读者们知道中国的武术家到底是什么样的。如果练中国武术的人，还认为武术家会蹿房越脊、点穴这些东西，那真是影响武术传承，把握不住正确的方向了。

笔者一生练武，多方求真，把拳道武术的精髓总结为一句话："桩是拳之纲，纲举目张。"

第十六讲　解除师徒制之商榷

老先生认为，师徒制在中国传统武术这个领域里起着不好的作用，应该解除师徒制。笔者也认为，师徒制确实阻碍了武术的传承与发展。

武术在明末清初的时候，传承方式由公开变为隐秘，又因隐秘而产生派别。在这个过程中，师徒制起到了一个非常重要的连接作用，导致了派别的出现与壮大。从清朝开始，武术变为秘传。秘传一开始是为了选人，进而形成了师徒制，时间长了又形成派别，如太极、八卦、形意、少林，等等。

师徒制本身不新鲜，在别的行业里，师徒制或许是件好事，用老先生的话讲，就是"誉为美德"。武术失传了，今天的人应该好好研究为什么失传，应该怎么练，然后把这些偏颇的地方纠正过来。

因为有师徒制存在，一个人想学拳就得拜师，拜完师就成为该拳派的一员，于是就有了立场。你即使是对的，但你是那个派、那个拳种的，我是这个拳种的，咱们练的不一样，我这派就是正确的……这样不仅不能纠错，反而"以歪就歪"，以立场（派别）决定对错，一条道走到黑。用老先生的话说，中国武术这么多年来一直"抱残守缺，老死不相往来"，看不到别人的长处，只是守着自己的东西，永远是套路，死钻套路！套路越编越多，特别繁杂。套路多、动作多，动辄一百多式，记这些动作就耗费了大量时间，况且练了半天全是外力，练不了内力！派别的故步自封使得中国武术传承与发展离正确的道路越来越远。

"学之者，意若不拜师，难能得其密。"学拳的人担心如果不拜师会显得与老师关系疏远，老师就不教真东西，学的人也学不到真东西。"教之者，亦以不拜师，不足表其亲，更不肯授之以要诀。"在教授者方面，如果不拜师，老师也确实不教。即使拜了师，师徒关系也有远近亲疏之别，有人教的多、有人教的少，还得保密，"甚至门墙之内，亦自有其密而不传者"。这也掩盖了一种真相——师父本身就不会！"浅肤者流，根本无技之可密"，把庸师保护起来了，使得徒弟永远觉得老师没教自己真东西，还得讨好老师以期得其秘传，多得点东西。

其实，对中国武术而言，用老先生的话说，你不用保密，即使公开地教，学生也不见得一定能学会。就跟学数学一样，小学时数学老师教你，中学也教你，甚至到了大学也教你，没有不教你数学的，但是有几个学生能成为数学家？武术也是这样，它是一种大道，是需要下大功夫的。师者尽心教授，学者尚且不见得都能学会；如果再不教他，或者少教他、教他假的，那他更学不会了。所以说："盖拳道之真义，可云与人生大道同其凡常，亦可云与天地精微同样深奥。不明其道而习之，终身求之而不可得；果以其道而习之，终身习行不能尽，又有何暇密之乎？"

笔者不保守，真教！可是真教，能接受的人也是少数，一般人不接受，因为它是大道，非得有良好的学风跟作风的人才能接受这个。这挺考验人的素质的，一般人很难接受这种正统的大道。

所以老先生认为，武术没有什么可保密的，也不应该保密，它属于全人类，是对人类有巨大贡献的东西，不应该有远近亲疏之分，甚至不应有帮派、姓氏、种族以及国家的隔阂，应是全人类共有之物。应该让学拳的人认识到，拳道没有保密的必要。有时候，师徒制能掩盖一些矛盾，有的学生弄不明白拳术是怎么回事，但他还是认为老师没把真东西教给他。老师是有真东西的，这层皮现在我们应该给它扯下来。

老先生建议取消师徒制，师徒制随着社会的进步必然要取消。以前师徒制为什么能存在呢？就是因为过去有的拳师指着师徒制谋生，本身没什么真本事和其他谋生技能，为了吃饭，所以将师徒制弄得特别严格，以此挣钱谋生。老先生管这叫"谋生不遂者"。

现在，随着社会进步和生活水平的提高，拳学老师的生存也没什么负担，不用指着这个谋生了。还有一种情况，国家振兴扶持武术，武术老师就有工资了。这样一来，师徒关系就能淡化了。其他的体育行业，如足球、篮球、排球、游泳、滑冰等，师徒制已经弱化了，为什么呢？因为国家发展这些体育项目，老师挣工资，学生交学费，或者国家出资培养，师徒关系自然就很淡了。

现在，武术界的师徒制也已经弱化了，教与学之间也没有什么矛盾，不见得学生非得求老师。你不教，有别的老师教。学生也是，国家选择出资培养，学生交学费，这也是一种社会的进步，叫作职业化。随着社会的进步，师徒制会有一定淡化。《大成拳论》成书于 1944 年，老先生在 20 世纪 40 年代就看出师徒制的弊病，可以说老先生确实有大格局。老先生执大道，站的位置也确实高，跟一般的拳术家也真的是不一样。

事物都有两面性。现在的工厂没有师徒制，农民工都没师父了，活儿都开始胡干了。为什么现在有的工厂产品质量下降了？就是因为失去传承、没有师父了。作为中国人，咱们还是要尊重前辈、尊重老师，因为咱们的文化从宏观上看，是前辈给留下的，是前辈教咱们的，咱们应该尊重前辈、尊重老师。所以，这个师徒制我觉得还是应该有。要真是一点儿都没有了，到了目无师长这种程度，也不行。师徒制太复杂，会耽误事，但没有师徒制也不行，不尊重长辈也不行。换个角度说，我们所有人最终都要成为长辈。每个人小的时候是晚辈，到老了就是长辈，这就鞭策咱们得好好学习。我现在是晚辈要向长辈、前辈学习；等我变成了长辈、前辈的时候，才能教导好我的晚辈，只有这样，才能称得上是长辈、是前辈。如果你不好好学习，什么都不懂，那么你怎么教育自己的后代？怎么教育晚辈？你还称得上长辈、前辈吗？

老先生确实是值得咱们学习的。笔者之所以乐意传承站桩，把它当成事业来干，是觉得老先生传的这个拳确实是中国文化的根基。笔者看过很多武术方面的书，结合自己几十年习武站桩的切身体会，推荐广大读者读一读岳飞的《九要论》、太极拳的《打手歌》和老先生的《大成拳论》这三部拳学著作，讲的都是同一个事物——拳道武术！

第十七讲　结论

《大成拳论》的最后一章讲了以下内容：

不在于年限的远近与功力之深浅以及身体年龄之高下，重点在于知不知道学术原理原则，讲不讲得通，有没有道理。

虽然老先生说的是拳学武术，说的是大成拳，但是他的话同样适用于其他学术，比如足球、篮球、排球、游泳、滑冰、画画、写字，再比如数、理、化、管理学、经济学。原理原则是任何一门学术理论体系的支柱，是一个人的立身之本，如果没有原理原则，就称不上一门真正的学术。

老先生很重视这一点。他说，一个正常的学术，要想有传承，必须得有原则、原理。传承人必须得清楚这门学问当中的原则和原理，否则无法传承。咱们中国武术的原理在哪儿？简单地说，就是"站桩"。成年累月、不间断地站桩，一直站到技击桩这种程度，那么大成拳的原理跟原则就弄清楚了。清楚了，拳术才能传承、发展与延续。

拳道武术如何能兴旺，要怎么兴旺？需要增加练拳的人数。基数大了，才能层层选拔。人越多，就越有可能出天才。真正高水平的拳家，首先是天才，有天赋，有天赋还要苦练，先要有原理原则；其次，原理原则要有正确的人传承，能引起全社会关注，扩大学员面，让社会各个阶层中越来越多的人来练拳。

传统武术历史上也出现过很多高手，如郭云深等，他们确实是技击高手。中国武术里能称得上天才的，是各方面都很全面的人，不是只有技击这方面突出。中国武术最主要的一点是修身，中国武术要传承，首先要出技击的高手，其次要出各个方面都很全面的高手。

这一章末尾一句是"拳拳服膺谓之拳"，什么叫"拳拳服膺"？就是前面章节中反复提到的"三节"，你身上有多少劲儿？有100个？80个？还是8个？通过站桩，尽可能把身上各个部位的劲儿都练出来。要是把全身部位都练到了，所有的劲儿加起来能有上千个，内五行和外五行相表里，把人给练全、练透，这才叫"拳拳服膺"。练到这个层面才叫修身。修身就是一个关节一个关节、一个部位一个部位地修，越修越多，越修越碎，越碎越整，最后达到"拳拳服膺"的境界。这是《大成拳论》里的拳，也是大成拳的拳。

结语

"拳""大成拳""拳道""拳学""武术""国术""传统武术""中华武术"，在本书中是一物多词，可通用互换。"力""劲""劲儿"，在本书中也是一物多词，可通用互换。同样，"整劲儿""内力""不动的劲儿""不动就有力，有力的同时还是松的"，也是如此。

拳，在唐宋时期臻于大成，明朝时在民间广泛流传，没有门派。清朝，武术传承遇到了巨大的困难。明朝遗民中会武术的，转入地下秘密传授，很少有公开传授和交流的。三四百年来，拳术门派迭出，拳道濒临灭绝。老一辈人历尽艰辛，才把拳学的火种保留下来。老先生晚年时多次对自己身边的人说过，其中也包括常先生："我是传拳，不是创拳。"

借老先生晚年时常常对人说的几句话作为"解析大成拳论十七讲"的结束语：

1. 要是我能创出拳来，这拳就不值钱了。

2. 我传的拳是有道理的。

3. 这拳是给有学问的人准备的。我相信，这拳能传千年。

4. 越是有学问的人，越会追求我所传的拳。

咱们一般人认为，俩手一攥就是"拳"；老先生所传的拳和咱们说的拳不是一个概念。老先生所传的拳是老祖宗为了生存、为了保家卫国，每天练出来的、每天站桩站出来的。身体站整了，有了整力，有了不动的劲儿和内力，这个力再跟兵器完美结合……这些全算上，才是老先生传的拳，才是"拳拳服膺"之拳。

第二部分

技击原理 28 条

第一条 老先生的"把身子悠起来"，到太极拳的"揽雀尾，雀难飞"

"把身子悠起来"是老先生说的，意思是身子能把手耍起来，手也能把身子耍起来。很多种试力有这个要求，像"神龟出水"试力，手往下按，身子往上涨；手往上抬，身子往下蹲。身子跟手是对拉的，这是用身子和手互耍。

武术练到很高水平的人才能把身子悠起来。常先生说，老先生与人交手实战的时候就有这个功夫。他在游动的时候能把自己提溜起来，好像能把自己悬起来似的。他在上面，一接触人的时候，像一座山突然落下来，这就是"悠身子"。

推手，跟牵牛似的，也是这个道理。这都是水平很高的人说的话，老先生是能做到的人之一。最终还得落实在站桩上，下功夫把自己弄整了，才能把自己"悠起来"，才能用手耍身子、身子耍手。

首先要整。我总说现在人看不懂老拳谱，老拳谱中老前辈说的话，你看不懂，是因为你不整。他整了，他就能悠起来；你没整，就悠不起来。一般人站"平步桩"，又叫"浑圆桩"，但站不出劲儿来，站也就是站个外形姿势。老先生整了以后，俩腿不是五五开，而是四六开、三七开、二八开。他是一个脚轻一个脚重，这就悠起来了。你整了以后才能体会把身子悠起来的感受，不整就悠不起来。

"鸡腿龙身虎豹头"，包括现在说的"引进落空合即出"这些话全对。那是老前辈说过的话，但是老前辈说的这些话的意思，现在人不懂。因为桩失传了，没站桩，不整，所以理解不了。

"把身子悠起来"这些话，先记住了，好好站桩，把自己站整了，再试力，你就能体会出来，就会感觉到这个东西，这才证明你是真记住了。这是一把衡量你站桩水平的尺子。当你觉得手能把身子耍起来，身子能把手耍起来，证明你练到老前辈们那种水平了。所以要下功夫去站桩，把自己练整了。只要把自己站整了，老拳谱中说的话，你一看就懂。老前辈们会从很多角度上说，但说的其实是一个事。

现在整个武术界的各门派，包括咱们拳派，存在一个共性的毛病，就是不站桩，或者不会站桩。自己不整，练不整，但是还得变着法地解释这些老拳谱，要是解释不出来，便过意不去，不懂也强解释。

单推手的时候，用身子使劲儿，这是悠身子的基础或雏形。如果身体能用上劲儿，就算入门了。比如打沙袋，这一拳出去，拳在接触沙袋的一瞬间，身子要上去，用身子发力，打人时，不是用手一曲一直的力打人。拳上去打人了，比如粘着对方胸脯了，在发力的瞬间，身子要跟上去，用身子发力。其实这也是"把身子悠起来"的雏形。

一旦这种水平很高了，在和对手较劲时，手能把身子悠起来。"身子给悠起来"是武术大家的水平，是老先生的水平。总之，要以站桩为主，好好站桩，这是技击的基础。

第二条　老先生的"只要神意足，不求形骸似"

这句话有几个要点：如何站桩？站桩有四个检验标准。此外，意、力是一回事，不能分割。

站桩，要傻站，这值得肯定。初练站桩的人，最重要的是姿势，要把姿势摆对了。在动作对的情况下，时间够了，劲儿就出来了。

姿势有四个检验标准，就是前面反复提到的"疼、酸、麻、胀"，有了这个过程，力就出来了。

这时候出来的力也是意。力有了，使上劲儿了，像弹簧似的绷上了。比如说，这弹簧有一尺，我压到半尺，弹簧中间那个位置能进能退、能松能紧，老是这种劲儿。这种劲儿，再站松了，不动的劲儿就出来了，而且出来的还多，不是一两个，而是五十、六十个。站桩换劲儿，我已尽量描述了，大概就是这么一个过程。

咱们武术讲的意、力，意即力也！通过站桩把这个力练出来的同时，意也就练出来了。意，不是瞎想，不是搬山、推山，那些都是胡思乱想。

在保证正确的形（姿势）的情况下，通过很长时间的练习，经过疼酸麻胀的过程，最后身体出现了一些感觉，这种身体自动生出的感觉才是意，也叫力。

武术的原理是"以形取意，意自形生"。"意自形生"，没一个正确的形，意是出不来的。形意、形意，形在前，有正确的形，才能出正确的意；形不正确，意是出不来的，力也出不来。军人站岗一动不动，是不是站桩了？时间长了，能不能出意、出力？出不来，因为形不对，所以站岗不等于站桩，形特别重要。武术追求的那个力是由特定的形决定的。形意是中国文化的根，汉字的造字也是从形意来的，通过形造出意，字也是一种形意。

"只要神意足，不求形骸似"，老先生说的是他自己。练到他那份儿上，形才变得不重要，因为他已经达到"意自形生，形随意转"的境界了。在他那儿，"只要神意足，不求形骸似"，因为他的力意练成了，所以这么说。社会上普遍说的重意不重形，初练就强调形不重要，让人瞎想，这是不对的。对于咱们来讲，必须要强调形，强调姿势，形对了以后，意才能出来，力也就出来了。站桩站到后来，身上出了不动的力，内力出来之后，能站技击桩时，形才不重要。

第三条　老先生讲的"武术失传""整劲儿"，以及"站桩原理""不动的劲儿""力在中上"等概念的提出

"武术失传""整劲儿"等原话不是我说的，是老先生说的。这些话中，有的是过去的老词，现在意思变了，容易产生歧义，不容易正确理解，所以我提出几个新的概念，比如"站桩原理"，站桩要站出"不动的劲儿"，等等。我练拳几十年，觉得老先生他们说的话属于原理性的东西，所以我提出来的概念也不一定正确。

我的老师常志朗先生跟我说："站桩站出那个劲儿，站整了。"老先生教常先生时是这么说的："要站整了。"常先生教我时也说，让我站整了。我当时不知道什么是整，我站常先生教我的桩，站到八年多的时候，有一天突然感觉像挑上担子似的，身体里能挣上劲儿了。直到这个时候我才觉得站出劲儿了，才体会到"站整了"原来是这样的。

我觉得这整劲儿有点出来了，感觉自己整了。我这是在解释老先生说的"整劲儿"。我在这里换了一个说法，为了让广大读者更好地理解。

还有另一个概念我经常提——"力在中上"。"力在十字路口"，这是不是"中"啊？所谓"十字路口"，是往哪边走都行的意思，可以往前走，也可以往后走、往左走、往右走。根据我的练功体会，我感觉"力在十字路口"的意思就是"力在中上"。我这样说，读者们可能更容易理解。

常先生教我时说的很多话，我当时不理解，后来通过站桩理解了他的意思。我理解以后，觉得是这么回事，就提出了一些新的概念。我提的概念虽然是经过深思熟虑的，但我还真怕说错了，所以我再重申一遍，"站桩原理""不动的劲儿""力在中上"这几个概念是我说的。

概念越多越乱，咱们应该尽量以老前辈的话为准。"武术失传"这个概念，我不准备改动。老先生说中国"武术失传"，我认为他说得非常准确——中国武术就是失传了！我知道，这个说法广大读者一时半会儿接受不了，我也知道大家是怎么想的。读者们可以有不同意见，我只是想让人知道有这么一种说法，因为老先生说过这么一句话。

我把对中国武术的认识说出来，是对中国武术负责任，是对中国文化负责任；对广大读者，我更要负责任。我只考虑所说内容的正确性，不考虑多少人能接受。正确的东西，终归会被人认识和接受，错误的东西终归会被淘汰。老先生与他的门人在对武术的认识上有分歧时，也说过类似的话："瞎打，就是没道理。这传不下去，早晚没人练。我自信，我这个东西能流传千百年，肯定有人追。"

老先生的这个拳确实有人追。比如现在我教站桩，就有好些人追，而且各行各业都有。第一章提过老先生在《大成拳论》里有句话叫"留惊鸿爪影于雪泥中寻之"。他是说，我的东西搁这儿，总有人会历尽千辛万苦来找。

第四条　由站桩时"汗毛如竖起"，说到"象""范儿"，再说到站桩挂上"象"

站桩的时候，不用力是不对的，用力太大也是不对的。用力像拉橡皮筋儿，这种劲道的力就行。如果是年轻的读者，身体好，可以用力稍大点。根据自己身体情况决定，只要身体能够承受就行，不能一概而论。

"汗毛如竖起"是说练到血梢了，是好事。汗毛能不能立起来，是一种感觉，是一种象。感觉汗毛立起来，其实也没立起来，是你的感觉而已。

前面说过的"揽雀尾"也不是手里拿只鸟让它飞不起来。中国武术所说的这些力和意，都是象。站桩站到身体里有力、有争力，这种劲儿多了，比如我身体里有七十个地方有劲儿了，以后这七十个地方会乱争。这是我的意思。乱争是指不知道具体谁跟谁争；互相争着，把这劲儿松着争出来了，争力由此而来。

武术里还有很多象，比如前面阐释过的"鸡腿、龙身、虎豹头、鹰爪"。"猿背""熊膀"这些全是象。"鹰爪"就是揽雀尾。"气灌四梢""毛发如戟"，也是一种象。包括"舌头有劲儿"，是气灌到舌头上，因为舌头是肉梢，你可以感觉一下自己舌头是不是有劲儿了，普通人平常感觉不到自己还有个舌头。如果气已经灌到舌头上了，那么舌头就有劲儿了。包括"两齿相扣",上齿跟下齿不是咬,而是说这嘴不管是张着还是闭着,觉得上下牙咬着了,这叫"气灌骨稍"了。这个感觉就是张着嘴,牙齿也能咬,不用想也是咬着的。这也是一种象。

读者们感觉到"汗毛能支棱起来",是一种自我感觉。你把衣裳脱了让别人看看去,如果汗毛没支棱起来,还是趴着的话,那是你自己的感觉,说明气灌到毛发了,就是气血已经到你的毛发上了,这是很好的。

站桩久了谁都会出现一些反应,各种各样的反应都有。初站桩的读者,不管有什么反应,不能说是错的,但也不能说是对的。刚开始站,站着不动,只要在不累的时候,肯定有反应。比如一天能站四十分钟,站着身上不累,你肯定会想点什么。你把姿势弄对了,站桩按要求都捋顺了,这时身体肯定会有些反应。这种反应无论出现的是什么,都是很正常的现象,不能算对,也不能算错。这是站桩的一个过程,等你站累了,这反应就没了,只剩疼了,就是咬牙耗时间。你咬牙这么耗着,什么感觉都没了,其实这才是出功的时候。你就要这么站,等到你的劲儿出来了,就对了。这时候你自己才知道,以前的体会全是错的。可是你刚开始站,不要否定那些体会。这是一个过程,对的东西还没出来呢!无论是谁,一开始都有那些不对的体会,这也包括笔者本人,概莫能外。

站桩不正确是正常的,正确都是从不正确中走过来的。天底下没有一个人一站桩就站对了,这不可能,那不成神仙了吗？一开始都是错的，错很正常，要是不错就不正常了。只有不断地修正错误，最后才能达到正确。

继续说象。"毛发如戟"是一种象，但是这个象不是"像"。"像"是仿佛的意思；这个大象的"象"是一种真的东西。那单立人儿的"像"，有点儿假。说你像他，但你不是他。比如说，你的动作像老先生，但是再像也不是。

"象"就跟气似的，你说气有没有？现在大家都承认有，可是在我小的时候，20世纪五六十年代，主流社会是不承认气的，说气是什么东西？谁也说不出来。这个"象"和这个"气"类似。现在大家都承认气了，但是现在还没有承认这"象"。象是中国文化里很高深的东西，只有中国文化能悟出象，西方文化还悟不出来，科学也悟不出来，科学还解决不了这问题。

天下有气也有象，这个象跟这个气确实存在，可以不懂，但是不能说没有。这个象不是表面的东西，是人体内在的东西。有象的人可以做出有象的事，比如说画家画画，他通过练画有了功夫，身上就有了象。他有象，画出的画也带着象。书法家要是写得好，他通过练字，身上也能练出象，写的字里也带着象。

再说老先生的事。他通过练拳，站出功夫，身上有象，他也能看出象。老先生跟常先生说：我不懂得字，我也不懂得画。但是有一样，北京琉璃厂荣宝斋的老板，收字画的时候常请我去辨真假，帮着掌掌眼，怕买错了（老先生当时的居住地在琉璃厂附近）。荣宝斋的老板有一帮朋友都懂书画。

老先生每次给看完以后，看的结果跟他们常吻合。老先生说：我就看笔法有没有劲儿。我看着那画有劲儿，就觉得是真的。他说，真的画家是有功夫的。他有功夫，这画也有功夫。这功夫就是力，他是看力。这画有力，就是真的；这字有力，就是真的。这力，叫意，这也是象的问题。

老先生看字、看画、看瓷器都这样。他看瓷器直接能看出瓷器有没有力，有力的瓷器就是真的，没力的瓷器就是假的，有力的瓷器是有力的人弄出来的；仿造的瓷器就比真的稍差，这就是没得力。象，在咱们拳里就是意、力。老说我得意了、得力了，其实气也是意，也是力，意、力、气是一回事儿，象就是意、力、气的外在表现。

我现在跟读者们说的很多话，读者们可以听，包括象，不要练，记住了就行。我说的很多话只是检验的尺子。你就去站桩，站够了时间，我说过的东西你自然能出来，不要刻意去追求。老先生原来说过这么一句话：你要真听我的，你就错了；你要不听我的，你也错了。我也是这意思：我说你记，不要想。你想什么它有什么，但都是假的。站桩把姿势弄对了，把形弄对了，正确的东西它自然会出来。

气，是武术比较深层次的问题，这个以后再说。读者们站桩，首先不动，在不动的时候站出力了，这力还是松的，那时候咱们再探讨气。

以前，明白武术的人认为，拳就是站桩，站桩跟拳是一回事儿。

站桩分几个阶段：

第一个阶段：跟我（笔者）学站桩，我首先会告诉你，站桩应该怎么站，你按照要求去站。经过疼、酸、麻、胀，吃苦受罪，流大汗，这时候你觉得有劲儿了。可能只有一两个劲儿、三五个劲儿，总之是有劲儿了。你练到这个程度，就算晋级了。

第二个阶段：你有劲儿了，力是紧的。一开始站桩，按照要求站桩，出来紧劲儿，是很不容易的。不管你过去的运动水平有多高，即使是世界健将水平，一站就没劲儿，因为你那劲儿是抢出来的。这种站桩，练的是不动的劲儿。所以说，你站就没劲儿。你必须得经过站桩，按照我的要求去做，经过几年吃苦受罪，这劲儿才开始出来，出来的劲儿是紧的。有劲儿，还要接着站。疼，这时候会稍微减轻点儿，就这么酸、麻、胀。通过吃苦流大汗，再几年，可能就松了。到这时候，把力留下，力还让它有，那种紧没了，紧变成松了。这就是松而有力，而且还是不动的。这就又上一个档次了。

第三个阶段：你接着练，一般的体会是酸、麻、胀，可能酸会稍微轻点儿，主要是以麻、胀为主。这时候你还是要经过流汗卖力，吃苦受累，这样再过几年。一开始出的那个力是十个、八个，这时力会增加，五六十个，甚至百八十个。这会儿，这"整"的感觉就出来了，感觉自己"长"了。这又上了比较大的一个台阶，水平高了。前面我说过的象，就在这时候产生。

第五条　由"炮拳试力，到试力怎么试、怎么练"展开说

炮拳试力跟常见的推拉试力一样。推拉试力怎么试，炮拳试力也怎么试。推拉试力的要求在炮拳试力中全要体现。这两个试力有一点不同：推拉试力是双手的，炮拳试力是单手的。炮拳试力出拳时，双手轮流击出；但是，一定是两个手都要用力。不要左拳出时右拳不用力，出右拳的时候左拳不用力。一定要注意区别。

大成拳的炮拳试力，一个拳出、一个拳往回拉，这两只手都要用力。刚开始，按照推拉试力练，熟了以后再加上一个要求：如果前手往前出，后手不一定是往回拉，也可能横着走，还可能是往下摁，还有可能是往上挑。还有，有时后手比前手劲儿还要大。武术里有这么一句话："出手如钢锉，回手似钩杆。"这个手回来不能空回，要带东西回来，而且带点东西回来的时候，这方向还不固定，不光是往回拉，什么方向都有。

做这个试力时还要注意有搭手的概念——都是搭着对方的手做试力，一直想着是在搭对方两手、控制对方两手，不是空做试力。以后不管做什么试力，都要假设是搭手，不能是空试，包括以后的站桩、技击，一定要有这个搭手意识。全是搭着手在做，不要有空抢的意识。咱这东西不打虚，要

打实。咱们的拳是搭手，打实就是搭手。不管干什么，随时随地、时时刻刻要有搭手的概念，包括站桩。站得比较好的，可能马上就要站技击桩了。站桩站整了，姿势不变，稍微一动就是技击，就有技击的概念。技击一定是搭着手的。

会站桩以后，应该有这种意识。社会上流行的这个打、那个打的，他只要是抢，就是在打空当，那不是武术，是错误的。要有识别能力。

第六条　由技击入手，聊笔者的拳学思想

站桩站出"不动的劲儿"以后，技击的时候不靠反应快，而是靠方法先进。散打、自由搏击、泰拳这些对抗项目，他们的那套方法，都是抢，用老先生的话叫"闭眼大撒手"。咱们有了"不动的劲儿"，是整劲儿。整劲儿出来后，搭手要搭出枪法，才叫搭手；推手推出枪法，才叫推手。推手也好，搭手也好，是有严格要求的，不是瞎推，是技击。

只有知道什么叫技击，才不会把武术和拳击、散打、泰拳、巴西柔术这些混为一谈。我跟几位老师学过拳，能把他们的拳学意思都弄明白，他们的学生都不一定能弄明白。这也是我的本事。

我的武术老师在当时也是北京的顶级武术家。20世纪六七十年代，中国的顶级武术家也是在研究搭手、研究推手。我现在通过站桩明白了，其实当时他们练的东西是对的，但是他们在过程当中都缺乏一种"不动的劲儿"的支撑。缺的

是力，用老先生的话说是"整劲儿"，用我说的话是"不动的劲儿"。这种力是从站桩中得来的。

我父亲的老师是李星阶先生，李星阶先生的老师是李存义先生，李存义先生的老师是刘奇兰先生。这些人是他们那个年代的武术领军人物。我想说明，中国武术已失传多年了，它的失传不在当代，传到清朝末期基本就没了。形意拳、太极拳、少林各派，他们的套路动作都在。形意拳的五行十二形、五行连环拳，太极拳的十三式、三十六式，不管多少式，包括少林各派，他们的套路、他们的动作越早越简单，越往后越复杂。站桩，失传了。

我的这些老师，包括我父亲，他们练拳，都在研究搭手，从中也能看出中国武术以前就是搭手，这也是证据。

最近几年，我发现形意、太极、少林各派全变了。现在，评判武术水平的高低就是打，也不区分拳击、散打，稀里糊涂就是打。俩人对打，胜者武术水平高，是普遍的看法。中国武术真是失传了！

散打是体育当中的一个项目。武术是正经的中国文化，是中国文化的鼻祖，是中国文化的根基。一定弄清楚了，千万不能用他们那种方法训练中国武术。中国武术那样下去必然会失传。

实际上距离中国武术的本质越来越远了，还不如那些前辈。我知道的前辈，就像以前我的老师，这些人还练搭手，把那种传统练法留下来了，后人还能琢磨。现在等于放弃了，直接学拳击摔跤。老先生说"留惊鸿爪影于雪泥中寻之"，把这种方法教给后人。现在连"惊鸿爪影"也留不住了！对于我来讲，我坚持老先生这个练法，坚持老先生的拳学思想，坚持武术最重要的是站桩，从桩上把劲儿练出来，进而能技击。

第七条　笔者谈武术原理

有人说的那种发力，把手放在人的胸上，发了一下力，把人摁床上了，这么做是不对的，这叫"打虚"。你把手放到人的胸上，人家已经没有抵抗能力了，你再往他身上按，这不是"打虚"吗？正确的做法应该是你让人把手伸出来，你这手搭在他手上。这时候，你要是往人家身上摁，人家可以搂一下，往外拨动你。这时候你再发力，这才是对的。

咱们在工厂锉东西，你得摁住了往前推也是这道理。"出手如钢锉，回手似钩杆"是什么意思？是我回手的时候，就跟钩杆、钩子似的，能钩回来。难在什么地方呢？咱们站桩，站出的那个"不动的劲儿"就是"出手如钢锉，回手似钩杆"这个劲儿。出手是一下，回手是一下，这两下能变成一下。手一出，必须得两个劲儿同时具备，既具备出手如钢锉的劲儿，也要具备回手似钩杆的劲儿。只有做到"力在中上"，这俩劲儿才能同时具备。

我说这话，可能很多人不信，但是确实能够有这劲儿。如果你有了"出手如钢锉，回手似钩杆"这同时存在的俩劲儿，你才能技击。比如咱俩搭手，我奔着你去了，在你横我的时候，我就回了，就有"回手似钩杆"的劲儿。我手一出，一出来你就搪，我这儿又往回走了。我不会一直往里走，等我变成往回走的时候，就似钩杆的劲儿把你钩住了。如果你是一个练抢力的人，这时候的本能反应就是夺。我往回钩，你往回夺，我也钩着你，我这力顺着就进去了。

当年，老先生跟人讲过很多类似的话，大家都认为是矛盾的，其实是统一的。就是出手跟回手这两个劲儿同时存在，看似矛盾，其实是统一的。这个力在"十字路口"。"十字路口"就是说，前后左右都能用，就是"力在中上"。这力是挺好的，要想练出来，得靠站桩。站桩是不动的，要在不动当中练出这个"不动的劲儿"。你技击搭手时，才能"力在中上"。

老先生晚年被称作"矛盾老人"。咱们这个拳，表面上讲的话充满着矛盾，其实这是中国文化博大精深之所在。"力在中上"，前后左右四个方向，在"十字路口"上都能走。你要是运用熟练的话，前后这两个就够用了。

我往前，你横我。我往前用的是竖力，你横我用的是横力。中国武术的厉害就在这里，因为有这个"不动的劲儿"。你这一横，我根本就没动。我的力变了，往回走了。是不是我这力在后头呢？刚才是往前走，你横我，你力在后面；我往回走时，我又在你后面，我用竖力把你破开，我又占着便宜了。这会儿你要是跟我夺的话，我顺着力就进去了。

阴阳也好，刚柔也好，都属于刚柔相济。两个力要变成一个力，是一不是二。原来内部还有个争论——是一还是二？老先生的很多学生认为应该是二，但老先生说是一。这是争论点，在老先生眼里，永远是一，没有一、二。要是有了一、二，就是抢力了，成了抢一抢二，一、二中间有一个虚点，这个虚点就容易被人抓住。中国武术家就研究这个虚点——在松紧的中间有虚点——中国武术研究这个东西，抓的也是这个破绽。

刚才我说的这些话，借用形意拳里的一句话："起是横、落是顺，起横不见横，落顺不见顺；起是钻、落是翻，起落钻翻同时用。"太极拳叫"引进落空合即出"，少林拳叫"刚柔相济"，就是柔中有刚、刚中有柔。其实，武术各门各派，要是练到家了，高水平的时候都是一个东西。

我跟常先生站桩，一直站到第七年，都不明白其中奥秘。把我也站烦了，常先生也看出来了。他跟我说，既然你都练了这么多年了，这么多人骗了你，你也没得到真东西，那么你为什么不让我骗你一次？你知道我要骗你，就给我一点时间，让我骗你一次。我一想，最多十年，就豁出去了。我也对自己说，既然我的武术老师都"骗"了我，那就再受一次"骗"吧。那时候我心里很难受，觉得我这辈子都明白不了武术，练不出来了，但是常先生那么挽留我，就练吧。练到八年多的时候，突然间，就是一夜之间，第二天一站桩，觉得自己得到整劲儿了——我身上有了"不动的劲儿"。

原来常先生总说整劲儿，必须得站出整劲儿，还说老先生就是身上整劲儿好。什么叫整劲儿，怎么就整了呢？我原来一直不明白，这时候一下就明白了。

第一要不动，第二要使劲，第三要放松。我觉得整劲儿就是这感觉：不能动、不用动、能有劲儿，有劲儿还是松的。这些同时具备，就有整体感了。这劲儿一整了之后，就像老先生说的"渊中鱼""风中旗""蛇形力"，就全有了。这真是一种象。

古战场上的技击，比如搭枪、搭刀、搭剑、剑搭枪、枪搭刀，不管怎么搭，在搭上的一瞬间是不动的。这时候，谁有整力，谁就占便宜。

老先生说过，技击一道甚易。他觉得技击是个简单的事。前辈没说明白，但是自己能练明白。广大读者站桩站到一定程度，就能站明白。技击的关键是力，这个力，不是抡力，是整力。你要得到整力，这整力要具备水的特性——水是往低处流的。整力是摸上对方后，知道哪儿力小，往力小的地方奔过去。如果对方力小的地方在你和他的中线，那你就走这。你能摸上他的鼻子跟眼睛，一到这了，你就赢了。要是技击，你拿着枪就扎上他了。这是一种本能。

这就像岳飞《九要论》里说的"鹞子穿林"，鹞子飞起来像燕子，它在树林里飞，你看它撞不到树上。它老是在俩树中间飞，而且能飞出去。这种情况就是前文反复论述的蛇形力。

整力，是自然力，老先生是这样描写的："不期然而然，莫知至而至。"技击时赢了，但是怎么赢的并不知道。具备这种力之后，你的身上不管哪儿摸上去就跟电钮似的。对方摸你就等于告诉你，这时候出拳了。对方只要一接触你，你就能出拳，而且你能知道对方的某个部位是有力还是无力；无力的地方是虚点，你就奔他虚点去。你什么时候出拳，完全是对方告诉你的。对方一摸你，就跟摸着电门似的，一摸电门马上给电上了，这是自然的。你这人跟弹簧似的，"一面鼓一面荡，周身无点不弹簧"，摸到哪儿，哪儿都弹。你身上全是"电钮儿"，不是随便摸的。让他摸的只有你的两个胳膊，基本就是小臂肘以下，手和手腕可以让他随便摸，摸上就出拳。咱们摸他也是，你摸别的地方也不安全。摸他手，反过来他要摸你的手，那就让他摸。这个叫搭手，也叫推手。过去都是摸手，也叫摸劲儿，就是摸虚实，就是摸对方哪儿有劲儿，哪儿没劲儿。

我一摸你，知道你哪儿有劲儿，哪儿没劲儿，我就横竖转换，奔你没劲儿的地方去。你有劲儿，我不理你。因为我不动，不动比抢要快。抢有距离，比如抢一尺，有抢一尺需要的时间。不动永远比动快。

这就是驴拉磨的道理。驴在走，相当于它在那儿抢；磨盘是不动的，相当于你。驴跑得比磨快多了，眼看着驴快，但是，其实跟磨转一圈用的时间是一样的。这就叫"守中、用中、夺中"。

我讲过"搬拦拿扎"，就是枪劲。推手也好，搭手也好，也要摸出"搬拦拿扎"，这是枪法。推手得推出枪法，"拳成兵器就"，不管是站桩、试力还是推手，都得符合刀枪剑棍的原理。技击就是这么用的。

技击原理中，还有个"打顾"。这个前面章节论述过，这里有必要再提一提。"打顾"相当于擂台赛中的攻防。咱们说具备"自然力、蛇行力",就是"拿";有这些东西,才能保证攻防一体。即"顾是打,打是顾,出手即是处",出手一条线,就是你的鼻子和眼。

我们总结一下技击的原理。从外形看,技击是搭枪、搭刀、搭剑、搭棍、搭手,结合"守中、用中、夺中";从内涵上看,必须要有一种力的支持,这个力叫"整力、争力、不动的劲儿"。

散打、拳击、泰拳、巴西柔术、足球、篮球、排球、游泳、滑冰这些体育运动,他们的训练方法都练不出整力;他们练出的力是动的力。武术有练出整力的办法,这方法就是站桩。

站桩是非常神奇的。从外形上看,天下所有的体育运动都是动的,没有不动的。当然,最近几年西方国家也出现了不动的体育训练,叫"静练"。在西方国家的医院,给病人做完手术以后,病人恢复的时候,会运用一些静练的方法。现在西方国家的足球运动员也开始进行静练了,但是他们的静练跟咱们的站桩差得很远!他们都是一个姿势不动,保持一两分钟。最多三五分钟一个姿势,七八个姿势交替,每个姿势几分钟的时间。一个姿势只能练一两个韧带,很多韧带是拉不开的。站桩跟它不一样,如伏虎桩,一个姿势下来,能把全身筋脉练遍了。

站桩是对人生理结构的研究和探讨——人到底能有多少力,身体能练出多少个具体力?按岳飞的说法,就是三节;

三节中的每一节又分三节，是无限可分的。老先生将其叫作三段九节，是在三节的基础上，每一节又分出九段；这九段的任何一节又能分出九段三节。它可以无限地分下去，九段三节实际上是无穷小。

中国的老祖宗在几千年以前就提出类似无穷小的概念。武术不是科学，是文化。文化不受时间限制，五千年以后、一万年以后还是文化。

科学是分科。它互相分割，各自研究一段，看得见、摸得着，是建立在否定之否定的基础上的。它不断地否定。科学不见得是正确的，只能说它现在是正确的，只能证明现在是正确的，但是它不能保证将来正确。它的正确性是有时间限制的。

站桩时，身体里站出很多劲儿，把身体给站碎了，就叫三节。三节比技击重要，三节是检验拳学是否正确的黄金标准。我的拳学对不对，我这种练法、我这样教人对不对，三节是检验的黄金标准。我教你们站桩，如果你们确实站出三节来了，就说明我教对了。练碎了，力就整了。越碎越整，碎跟整是成正比的。比如有五十个劲儿的时候，你可能就有整的意思了。你要出五百个劲儿，身体更碎，其实更整了，越碎就证明这个三节练得越好。这三节是岳飞写出来的，三段九节是老先生提出的。能练出三节，就证明练对了。

有人说，整了，身体就变成一个整体了。这话一听就知道是外行。整的人是碎的，是劲儿多，身上处处都是劲儿，恨不得一根手指上就有二三十个劲儿，这才是整了。

太极拳经常说"揽雀尾、雀难飞",实际就是个象。一只手上要是练出了几十个劲儿,"揽雀尾、雀难飞"这象就出来了。练得好坏,一说话内行人就知道了;甚至往那儿一站,一个动作就看出来了。太极拳的杨露禅先生提出"揽雀尾、雀难飞",他手上这种劲儿,就跟刀子似的,往你胸脯一搁你就受不了。他一说咱们就知道他是高手,咱们佩服杨老前辈。你懂三节,练到三节了,《九要论》《大成拳论》《打手歌儿》(也作《打手歌》)这三本拳谱你自己就能懂了。

第八条 技击就是"不会技击"。你什么时候练到"不会技击"了,其实你就会技击了。站桩要体会"三节与五行"

站桩想入门,要从三节入手,练拳练三节,它是门槛。其实,站桩就是拳,拳就是桩。只要明白三节,像岳飞说的"一气,二阴阳,三节,四梢,五行,六合,七上法,八身法,九步法",最后就是交手径法,就是技击了,你就全明白了,顺着就出来了。

技击就是,人家一打你,你自己就出手了,这才叫技击。老想弄个招儿,万一别人抱住你,你怎么办呢?没办法!别人抱住你,你自然就出来的下意识的应对动作,才叫技击;出不来就不叫技击。技击就是"不会技击"。你什么时候练到"不会技击"了,其实你就会技击了。

站桩时该怎么去体会五行呢?首先练到三节入门了,随着三节练得越来越多,身上的劲儿也越来越多,身体各部位大部分练到了，最好是全身都练到了，这时往深了体认和理解，能够练到里边的五脏。这是内外五行相表里，就是五行合一，也属于站桩的文化。站桩时，外边凡是凹进去的地方，都属于心，这是外五行跟内五行相表里，都属于心的系统。那么，跟凹相对，就是凸出来的地方，如毛发，还有鼻子，凡是凸出来的，都属于肺，在内属肺，在外的表现就是凸出来的地方。全身露骨头的地方，比如膝盖、胳膊肘，都属于肾。这是内外相表里的五行。还有关节，连接骨头的地方，属于肝，在内主肝，这也是相表里，这是肝的系统。肉厚的地方，像屁股、膀子、大臂、小臂等肉厚的地方，属于脾。身上的气多了以后，都存在脾里肉里了。内外五行相表里这一点比技击重要。

身体里边、外边通过站桩都能练着，这也是中国文化一个很重要的部分——内外五行相表里。从感觉上看，就是把身上所有面积练遍了；从体积上来讲，就是练透了。透是指体积，不是面积。比如我体重一百五十斤，这一百五十斤没有练不到的地儿，这也是站桩的神奇所在，是其他体育运动，甚至包括康复医学都达不到的。

"气""阴阳""三节""四梢""五行""六合""上法""身法""步法"，都比打重要，"交手径法"也比打重要。

五行相表里，在身上是什么感觉，练出了什么象，拳学典籍对此有很多描述。老先生说跟过堂风似的，或者像被一层罗网包起来似的。老先生还跟常先生说，跟碉堡似的——站桩站好了，好像筑一碉堡，这座碉堡在危机时候能救你命。我比喻像穿防弹背心似的。还有，不管这人胖瘦，就算是一大胖子，练拳练到家的时候也会感觉很瘦，有点儿像骷髅似的，这就是全身全练到了。这都是五行相表里的感觉，也就是象。练到这份儿上，内五行、外五行能成一体了。

第九条　科学家说的意念与中国武术的意念，是不一样的

科学家说的意念，跟拳的意念是两回事。现在练武术的人，我认为有两大弊病：第一，不站桩；第二，有站桩的，但也不会站。

我讲站桩的意念跟现在社会上教站桩的人讲的意念也不同。现在绝大多数人认为意念是用脑子想，想就是意念；这不是拳的意念。拳的意念不是想出来的，是练出来的；如果是想出来的，想什么就会有什么，是假的，实际上没有。咱们站桩站出来的东西是真的，属于自然意念。

意念产生于形。有了正确的形，再加上很长时间，才能产生意，意是这么来的。意多到了一定程度，再经过很长时间，能产生神。神跟意是两个概念，神是神，意是意，意比神简单点儿。神是意的外在表现；意，别人看不出来。意是自己的，自己知道；神是被别人看出来的，可以通过神看你的意。你的意足，力一定足。意就是力，别人能看出来。意，攒多点儿才有神，神比意还难。

通过正确的形，产生了意；很长时间后，意特别熟了，不局限于形了，这叫"形随意转"。通过外形把意练出来，

力练熟，意也行，力也行，意力不分。意出来以后，不再变了，不受外形姿势的限制，这时可以变形，形怎么变都是自然的，可以随便变。这才叫"有形有意都是假，无形无意始见奇"。

在意、力的练习过程中，一开始是得意或得力，到了高级阶段，意、力是自然的，不用想。技击时真正能用上的东西都是自然的，凭想象出来的意力是没法用的。比如吃饭的时候，你还会想用筷子夹菜往嘴里搁吗？这不用想，已经成了自然状态。洗脸时，还会想用手捧着水往脸上撩吗？不用想。洗脸是自然的。开车也是，会开车的人不会老是想着怎么开，怎么刹车……这都不用想，是自然状态。意、力一定要练成自然状态，不能想，想出来的不能用。

第十条　站桩要站出不动的力，再搭手技击

站桩，把姿势摆正确了，每天都有疼痛感，坚持下去，时间一到就站出力了。

这么多人教站桩，他让你用意念，说明他肯定站桩没站出力。他要是站桩站出力了，就直接告诉你，怎么站。我告诉你，站桩真能站出这个力来！

站桩过程中身体的一些反应，不是靠意念出来的；最重要的是姿势，也就是外形，外形一定要正确。外形正确了，接下来身体的正常反应"疼酸麻胀"就会轮流出现。这是在改造生理！你连疼都没有，说明身体就没有变化，都是在那

儿瞎想，想多了成神经病了。疼、酸是人的身体变化前的征兆，麻、胀这是人的生理在慢慢变化；生理变到一定程度，你的意念才能出来。

站桩首先得过疼痛关。在站桩过程中，先问一下自己，还疼不疼。如果还疼，百分之百意没有出来。肯定是身上已经不疼了，就剩酸、麻、胀了，才有可能出意念。

有人站桩，身体会出现各种反应。首先应该说，这个反应是不对的，因为对的东西不是这个，对的东西是力或者意。但从另一个角度讲，又不能说不对，这是练功当中的正常反应。就这么练！练着练着，正确的东西自然就出来了，还会继续疼酸麻胀。你把这条主线把握住了，出什么都没关系。这东西就得练，就得坚持站，然后正确的东西慢慢就出来了。老先生还说过一句话，站桩过程中凡是正确的东西，都是从错误中出来的；没有错误的东西，就没有正确的东西。这里包括两点：第一，姿势外形；第二，疼酸麻胀。接着练，肯定有正确的东西出来，先把正确的给固定住，再纠正错的。纠错的时候，你的正确的东西已经固定住了，不走样了。以后时间长了，这正确的意就出来了。站桩是这么一过程。

我一直说，想练好武术，先要弄明白师父的拳学思想。作为学生，如果你跟着老师学拳，连老师的拳学思想都不知道，那这老师就白跟了。中国武术的老师有的时候是不善于表达的。举个例子，常先生教我练拳的时候，有很长一段时间没有提及搭手的问题。刚认识时他提过，后来教我练的时候，并没有再提。他有这么一个思想，这个人先站桩，站桩站好了，站出功夫来了，再谈搭手。老师这是好心，怕你吃亏。我教学生也是这样，好些人跟我练拳，练的时间很长的人都知道这个。虽然我有时候跟他们谈搭手，但是我都特意交代，万一跟人交手的话，在没有练出我说的"不动的劲儿"之前，不要搭手，不要近身。你如果没有功夫就上去搭手，搭上手后发现对方功力大，你想跑也跑不了，搭手就见输赢了。所以搭手是双刃剑，有功夫的人喜欢搭手。你看老先生为什么老搭手？他搭手就赢你。

对方有功夫，你就不能搭手，要游斗，要跑着打。有句话叫"好把式难打跑把式"。我发现对方比我功夫大，这就不能搭手，要跑着打，这个叫"跑把式"，这也是搭手的运用方法。

第十一条　说说"惰性力"

这里说说"懒劲儿"。"懒劲儿"是老先生说的。没使劲儿的时候，我松着就有劲儿，这个劲儿叫"惰性力"，也叫"懒劲儿"。老先生没说是"不动的劲儿"，我给翻译就是"不动的劲儿"。站桩要站出不动的劲儿，这个不动的劲儿是综合的，里边有很多功能，其中　个功能就是"惰性力"。"懒劲儿"是力的一种，它跟技击没关系。技击是无形无意的东西，是"较勇者不可思悟，思悟者寸步难行"。技击是自然、本能反应，不能思悟，不能讲道理。咱们讲道理都是在练站桩时讲道理、讲原则，技击没有。

技击不讲道理，就是天马行空，独往独来，想干什么就干什么。功夫练成了，技击就跟喝茶吃饭一样，是自然形成的。我发现武术界有一个大毛病——什么都往"技击"上说，都往"打"上拉。各门各派的武术，一提就是"打"，比如说形意拳的某一式打的时候怎么样，太极拳这招儿是怎么用、怎么打。要是一提打，这武术就没了！

20 世纪 70 年代，各门各派还不讲打。我练过很多门派的拳，比如形意拳、少林拳，还有通背拳等。我练过的这些拳，都不谈打。我也见过很多大师，他们不谈打，他们谈怎么练。我跟常先生练大成拳后才明白，练拳不能谈打，还得谈怎么练；把该怎么练搞清楚了，才能练出功夫来；练出功夫来，打是自然会的。大成拳不讲怎么打，就讲练功夫，把功夫练成了，技击只是拳之末技。这一点我们得搞清楚。

第十二条　站桩时如何呼吸

站桩的呼吸就是自然呼吸，跟平常吃饭睡觉一样，别在意如何呼吸。我们说过，站桩是一个从外到内的过程。一开始练的全是外面，随着站桩的深入，练到里面了，锻炼的部位就多了，自然呼吸就不够了，呼吸则会加大，变成深呼吸；就像跑步一样，随着运动量不断加大，呼吸急促，自然就会加深呼吸，并不需要考虑它，这是一个自然的生理过程。站桩的呼吸也是如此，站桩日久，随着耗氧量不断增大，站到呼吸憋气，这时候就变成深呼吸了。不要在站桩的时候刻意去练呼吸，不要理会呼吸该如何。如果刻意地练呼吸，会把人练坏了，容易得病。站桩姿势摆对了，时间一够，自然就能变成腹式呼吸；刻意地练，什么都得不到了。

第十三条　活步试力过程中，如何转换、分配身体重心

试力有几种，一种是试上面的力、两只胳膊的力，如炮拳试力、推拉试力、神龟出水试力等，脚下不动，专试上面的力；另一种是摩擦步，试下面的力；还有一种是上下同时动。

试上面的力，重心就跟站桩似的，脚底下前四后六，前三后七，前二后八，前一后九都可以（上身的要领在解析拳论时已经讲过，此处略），这是试上面的力。

试下面的力，就是走摩擦步。一开始上面先不用劲，两手像扶着东西。具体而言则是倒重心，比如现在站的是前三后七，你慢慢地往前倒，到五五开的时候还要往前走，变成前六后四，再往前倒就是前七后三、前二后八、前九后一、前十后零，直到磨胫。再接着往前走，就是后九前一、后八前二、后七前三。这就慢慢把身体重心倒过去了。

倒身体重心的过程一定要慢，试力的最终目的是力要在中上。要想试出中力，走的时候必须停；走的过程中要是不动的力断了，快形成抢的时候，就要停住，然后再慢慢地走。刚一觉得要出现抢劲儿了，你就停住，这样就能慢慢地

试出中力来。这是关键。

试力的时候不论是试上面的，还是试下面的，都要想着变劲儿，就是往前走的时候一定要想到往后走，往后走的时候一定要想到往前走。首先要有前后的概念，能前能后，能后能前，这样时间长了，就能试出中力了。中力是四个方向——上、下、前、后；然后是八个方向。一开始能有前后两个方向就行——往前的时候想到后，往后的时候想到前。用这种方法试力及站桩，这样才能慢慢地练出中力。

不要求快，要能够运用自身的争力，不再抢，这是个大学问。

常先生跟我说过一句发自肺腑的话，当时我在站桩，他在我旁边坐着对我说："其实老先生什么都不会，他就是有功夫。你让他摸上，他就能把你摸趴下。"其实这是自争力，不是抢，这是中国武术的关键！中国武术既不神秘，也不像有的人说的那样一无是处。中国武术的内在价值，早晚会震惊世界。

第十四条　技击桩不是教出来的，是自己站出来的

技击桩不是老师教出来的，是自己站桩站出来的。不是你想站养生桩就站养生桩，想站技击桩就站技击桩，不是由你选择的。开始站桩，都要站基本桩。我现在教的是基本桩。基本桩站到一定程度，外形间架不变就能进入技击的状态，自然就是技击桩了。这不是我想教就能教的。技击桩是

站桩的一种水平、一种程度。不是说某个姿势是技击桩，某个姿势是养生桩，不是这样的。

力出来了，还要看什么部位。身体有很多部位，你不能只说整体。整体上有力了、松下来了，这是不可能的；如果真出现这种感觉，那是假的。得力的力是很具体的，某个部位上有力了、松了，只能说这个部位上得力了。得着力的部位要多，要够一定数量，才会有整的意识，这时候才是入门，桩则由基本桩自然而然地过渡到技击桩。

第十五条 穿透力在技击中很有杀伤力。捅牛皮纸的劲儿是一个很重要的劲儿，但最主要的还是整力

身体要有整力，身体有多整，你的穿透力就有多大。力只要是整的，都有穿透力。比如子弹就有穿透力，从枪里发射出去的子弹，是一整块铁，所以有穿透力。同样还是这把枪，如果打出去的是一个棉花球儿，就没有那么大的穿透力，因为这个棉花球儿不整。拿铁榔头给人一下，人就受不了，因为它整；拿软东西打人，这个力就差得多了，因为它不整。越整的东西越有穿透力。

人挨打的时候，怕整力。咱们武术练的是整力。武术最有价值、最让人佩服的，就是能把人练整。拳击、散打比赛时要戴拳套，因为拳套软，打人轻，那是保护运动员的。咱们古人打仗的时候弄个白蜡杆儿，前面还弄个枪头儿，这就整，扎进去用不了多大劲儿就能扎死人。这种枪法才是真实

的古战场上的东西，那是一下就能扎死人的。金兀术吃过岳飞的亏，说"撼山易，撼岳家军难"，那是有感而发。

用拳头打人，也看是不是整。你身体整了，你的拳头碰到对方，就有穿透力。练整了以后你才会知道，在没整的时候，你全身各关节都是弹簧，打在人身上，你手腕子软，哪儿都卸力；要是整了以后打人，全身的关节都能挺上力，就有杀伤力，有穿透力。关节使不上力，则没有穿透力。

第十六条　解释"悠起来"在技击中的妙用

身体"悠起来"，指的还是整。人要练整了，就会有很多本能的反应。在你运动的时候，只要一动就能把自己悠起来。有一个往上的力，一使劲儿这力就往上走，往上提着。人要是练整了，一走步，就有一个往上的力，没接触人的时候自己就悠起来了。如果两人一接触，这个力"哐当"就落下来了。形意拳里有一句话叫"轻如鸿毛"，悠起来了人就轻了，这力是往上走的；"重于泰山"是说，两人一接触的时候，力就下来了，有一个上下的变换，是一个变力。要想往下走，就得先上去，先让这身子在上边儿待着，一接触，"哐当"这力就掉下来了。

有一位太极拳大师，名气很大，是位表演大师。他说，很多人推不动他。很多人就认为，这么多人推不动他，他真有功夫。其实，真能让很多人推不动，那也不是武术，也不是功夫，那是小道！不要把那个当成大道，真正的大道是整，身体要轻，"意力水面行"。站在那儿让人推不动，这在技击当中绝对是要吃亏的，是没法儿用上的，上了战场要死人的。怎么样才是稳？脚底怎么样才有根？往上提着，脚底下轻，才有根。脚底轻，这腿可以根据实际需要前后互换，形成"三条腿"，那才稳。

把身体悠起来，人练整，都得靠站桩。站桩还有很多功能，我就不说了。桩是聚宝盆，取之不尽，用之不竭。这也是内行、外行的区别。内行看门道，外行看热闹。

第十七条　技击怎么练

技击是怎么练出来的，很多人对这点的认识很糊涂。技击不是打出来的，而是修身修来的。修身是一个关节、一个关节，一个部位、一个部位地练，把全身各个关节、各个部位都练到了，从里到外，从上到下，从前到后，全练透了，才叫修身。通过修身能把人练整，才能得到整劲儿，用我说的话就是"不动的劲儿"。技击的训练手段是修身，修身的训练手段是练身体三节，具体练法就是站桩。站桩的程序和步骤是，通过基本桩把整力练出来，整力出来后再试力，再搭手。搭完手以后，把试力跟搭手的东西再回炉，还回到站桩里来练试力和搭手。这时候的桩，外形虽然没有换，里面已经晋级到技击桩了。技击桩是桩站到一定程度逐渐过渡而达到的。

现在练大成拳的人有一个误区，认为某些姿势是养生桩，某些姿势就是技击桩。不是这么回事儿！不管谁练武术，一开始站桩都要站基础桩，也可以叫养生桩，这时候练不了技击桩，必须得通过基础桩把整劲儿练出来以后，再通过练试力、搭手，才能练技击桩。你如果会站技击桩，那么别的东西就可以不练了，像试力、刀、枪、剑、棍就可以不练了，因为在技击桩里就能练刀、枪、剑、棍，能练步法，能练搭手等。全能练啊！这时候才叫技击桩。

要是能站技击桩，技击基本就练成了。这是技击经过几千年才发展到的水平。战场上用的，不是擂台上用的。技击应该通过刀、枪、剑、棍来实现，但是武术家为了避免受伤，把器械扔了不用，徒手安全，就形成了搭手，也就是现在说的推手——友好的技击切磋。技击不是现在的擂台赛！千万不要把武术想成擂台赛，那就错了。

站桩功法的成形，经历了几个阶段的发展，从大动、小动直到不动。最早是一拳一腿，就跟现在的拳击、散打似的。后来吸收动物特长，再后来洗髓、易筋、三段九节、内外五行相表里，锻炼筋骨。动作上一开始也是大动、大抡、大砍，之后变成小动，最后发展到不动，就是咱们现在练的。从外形上看是不动的，从里边看是锻炼筋骨。武术发展到唐宋时期，已成为以不动、练筋骨为主，非常成熟。明朝时期中国武术到了顶峰，随后开始滑坡，清初开始失传。

技击也能搞擂台赛，等练的人越来越多，咱们再制定比赛规则。前提是咱们得把它传下去，有很多人来练这个才行。规则到时候再定！你要想取得好成绩，就得站好桩，这才能保护技击。

了解技击的人少、水平低的时候，要用规则来保护；将来练的人多了、水平高了以后，可以放开规则。可以跟别的搏击格斗项目谈判、比赛，比如跟拳击比赛，可以放开。一开始要有自己的规则。中国散打刚开始的时候，制定的规则是保护散打的。要是没规则，散打也起不来，早被打趴下了。

不管是搭枪还是搭手，都要守中、用中、夺中，要在中上做文章。从内涵上看，要有整力做支撑。不管是搭枪还是搭手，都要能"搬拦拿扎"，做出整体力，具备"展抗横抖顺，劈搂搬把撑"这几个劲儿。

第十八条　横竖力不用刻意练习

横竖力不用刻意练习，正常站桩就行。桩站到不动的时候有力，横竖力自然就出来了。如果不动的时候没力，那就没有横竖力。因为站桩时没力，想出力就必须得用动作，一用动作就不是咱们说的横竖力了。

武术所说的横竖力的技术含量是很高的。武术跟别的运动不一样，在不动的时候有力，"力在中上"老先生的弟子"力在十字路口"。

凡是格斗对抗运动，都是横竖力的较量。尤其是摔跤，摔跤的"绊儿"即是横竖力的较量。中国武术跟其他运动不一样，摔跤一类运动是在动当中用横竖力，而中国武术用横竖力的时候是不动的。

在不动当中运用的横竖力是最快的。动得再快，比起这"不动的动"也是慢，两者是档次上的区别，这不能比。不动的力是高档次的，动的力是低档次的，就像小学的算术跟高等数学，那是档次上的区别。

第十九条　说一说"力不出尖、形不破体"

"力不出尖"是中国武术独有的问题。拳击、散打、自由搏击这类运动，他们的一拳、一腿跟胳膊、腰、腿有关系，但是那些力都是绝对、明确的，是局部力，不是整体力，力都是出尖的。如果是局部力，怎么打都是出尖的，随便一动就出尖。其他运动的力都是出尖的，只有中国武术讲究力不出尖。

一个好的武术家，出一拳、一腿，都是一种全身运动。右手出拳，左手也用劲儿，身上也用劲儿，脑袋也用劲儿，脖子也用劲儿，腿也用劲儿，水平越高的武术家能用上劲儿的部位越多。以前老先生说过这么一句话："你看这树，刮大风的时候，东南风来了，树整体往西北方倒。但你仔细看，它那小树枝、小树叶乱摆，往这边摆的有，往那边摆的也有，往哪个方向摆的都有，但是它整体往西北方摆。"

一个好武术家，他往前边打上一拳，用力的时候，身体内部的劲儿，不是都往前的，而是往哪个方向都有。比如他身上有一百个部位能发力，他这拳往前一打，这身体里一百个劲儿往哪个方向的都有，是前后左右全有，很乱，很难挣出来。这样才能把人给争起来，才能产生一种争力。虽然拳是往前打的，但里边的整力往哪个方向的都有，产生这种力才叫"力不出尖"。

举个简单的例子，右手打出直拳，是往前走的，但我左手这个力不见得是往前使，有时是往后使，有时是往左使，有时是往右使，有时是往上挑，有时是往下压。右手打出去，左手则是根据对方的情况做出不同的动作，同时也搭着手。实际对抗中，对方可能有一个上挑的劲儿，我可能要压着对方，压着还得往前。

这是个很复杂的问题，这就是武术的劲儿，是我要你们练的劲儿。力不出尖，是站桩练出来的。站到有劲儿了，就松下来。当身体里边的劲儿达到一定数量了，比如说七八十个劲儿了，这时候就整了，再怎么做，力都不会出尖。

武术里要求，在力不出尖的情况下，形体姿势还不能破，就是在技击过程当中，两手一定要搁在自己的前边，搁在自己鼻子、嘴或者胃的前边。两只手一只指着对方的眼睛（因为还跟对方有关系），另一只指着他的嘴或胸。在技击中，你的两只手永远搁在两个人中间，不能搁在身后，背着手技击不行。很多拳的动作特别稀奇古怪，来个旋子，翻个跟头，这都不对。手乱舞，一会儿后头，一会儿人开门，都是不行的。两只手都得老老实实地搁在两个人的中间，把两人隔开。这叫形不破体。

第二十条　螺旋力和螺旋力在搭手（技击）中的运用

站桩时，脚底下一定要有一条中线。一只脚在中线左边，一只脚在中线右边，而且是丁八步，前丁后八。一只手在中线左边，一只手在中线右边。眼睛平视，掖胯，胯往回拽，前膝顶。只有当这些要求都做到了，身体本身是拧着的，拧着拧着，时间长了，出力了，再站，之后松下来，这个螺旋力才会有。

这些练的只是形。这些要求做到了，形拧着，但是力还没有出来。形有了，功夫到了，力跟意才能出来，"意自形生"，形对了，才能有意——正确的形产生正确的意。在技击中，运用螺旋力，你本身得具备两个条件：第一，你得有这力；第二，熟到自然。

这力有了，再站，不用脑子想，一出手就有，这叫"形随意转"，就是自然了，自然的才能用。技击练的任何力，得站一会儿才有，这不叫自然，也用不了。必须走路时有，坐着时也有，这才叫自然。

站桩的最终目的是要在身体里搭一个架子——身体里边有一个钢焊的架子似的。平常不练拳的时候也有这架子，行住坐卧都有这架子。这叫自然力，能用，抬手就有。包括"力不出尖、形不破体"等话，都是这意思。

这就是前文提到的"有形有意都是假，无形无意始见奇"。"无形无意方为真，有形有意都是假""拳打三节不见形，若见形影不为能"都是这意思。用老先生的话就是：有感即应，一触即发。一出手就赢了，但是不知道怎么赢的。总之一句话，技击没有方法，没有招儿。如果你身上有招儿，有方法，那绝对不行！必须得练到没招儿、没方法了，自然力就出来了，才是"有感即应，一触即发"了。

第二十一条　搭手时，控制对手的横竖力是整劲

双方交手时，搭手时间很短。搭手能控制对手的横竖力肯定是整劲。站桩站出不动的劲儿了，这个劲儿就是整劲。有了整劲后才能谈横竖力，还没得整劲，对横竖力是听不到的。只有具备整劲儿，双方一搭手，才能听明白对方的劲儿是横劲还是竖劲，这时候才能谈横竖力。所以获得整劲是第一的，然后才能谈横竖力。

现在没有几个人知道横竖力，因为他们没有整劲儿。在技击中，能运用横竖力来对抗才叫技击，否则不叫技击，所以现在没有几个人懂技击。为什么我总是不让你们谈打？因为你们一谈打，都是抡，不是散打就是拳击、巴西柔术之类，都不叫技击。咱们练武要想打，必须用技击。不能瞎打，不能练散打，也不能练拳击。武术打假， 点儿没错！打的就是假，他们用的全是抡，全是散打，不是真正的武术。

双方搭手时非常快，只有站出自然力来，才能做到"有感即应，一触即发"，这时候还要守中。两人交手的时候，

面对面站着，你的手从你的嘴那里出去，往对方眼睛上一指，这就叫守中，就把中给护上了。这时候，他要打你很困难。你的中守住了，从他的位置上看你的中是严的，他打你必打到你的胳膊上。他出拳打你胳膊上，这个瞬间就叫搭手。你具备整力以后，就能在瞬间做出横竖力，化掉他的力，用太极拳的话就是"引进落空合即出"——引进落空，一触即发，有感即应，他自己被弹出去了，就是"合即出"。

武术讲到这里就清楚了，现在没几个人是这么讲拳的！我相当于把实战中的一些东西全讲了。老先生的著作里也没写怎么交手，《九要论》也没写。要是还听不懂，就证明桩没站整。桩站整了，我的话就能听懂了。

第二十二条　中国武术的真东西是站桩，没有门派之分

站桩只有中国武术有。中国武术处在高峰期的时候，没有派别。武术分门派后，站桩开始失传。现在的武术各门各派没有站桩。武术的"桩"不是某个人创造的，一个人创不了"桩"，因为太深奥了。老先生不说他站的桩属于大成拳，他一直说他站桩是学过来的。老先生的桩是学郭云深的，郭云深是跟李洛能学的，李洛能也是学过来的。我们站桩，不说是大成拳的桩。真正会站桩的人，他不会说自己的桩是什么拳派的。

我写《走近王芗斋——解析大成拳技击术》，解析的是中国武术，是站在中国武术的立场上说的，不是站在大成拳

的立场上说的，希望读者能清楚其来龙去脉。大成拳只不过是一个代名词，是中国武术的代名词。中国武术是集古今中外之大成的，包括太极拳、形意拳、少林拳，等等。

站桩失传了，武术门派就出来了。中国武术跟中国历史朝代一样，是合久必分，分久必合，最后统一。武术的核心是站桩，必须把站桩传下去，用桩来统一武术门派。中国武术现在是分的阶段，将来要想发扬光大，核心就是传承站桩，无论是从形式上，还是从原理内容上，都要把站桩传下来。大家都站桩了，中国武术就有希望了。

以前武术也分拳派，后来就都是少林派了。少林派在中国武术原有站桩的基础上，吸收了达摩传来的东西；由于有桩，最后统一了。以前有人说"天下武术出少林"，就是用"桩"来统一的。从明朝后期，到现在四百年左右的时间，形意、太极、少林各派又全出来了。以后要想统一武术，还要靠"桩"。站桩是中国武术的专利，国内外其他的运动没有站桩，只有中国武术真正站桩，会站桩。

第二十三条 锻炼筋骨

武术站桩能锻炼筋骨，即"气生于骨，而连于筋。血是气之海，肉是气之囊"，这在岳飞所著《九要论》中就有记载。锻炼筋骨是武术的训练手段，武术的锻炼筋骨是通过站桩来实现的。锻炼筋骨是中国武学文化在发展过程中吸收印度达摩所传来的《洗髓经》和《易筋经》中的精华而形成的。我们的祖先对人的生理结构有了深刻的认识后，才能创造出站桩这种锻炼筋骨的运动形式。印度有瑜伽，中国有锻炼筋骨。锻炼筋骨就是站桩。

锻炼筋骨是中国武术的概念。任何一个运动，只要反复练，都能练到筋。专业司机开车，他做扳蹬踹的动作时间长了，也能练到筋。国家运动队原来有"三从一大"①训练口号。练过"三从一大"集训的运动员，又稳又静。我们从专业射击队员身上就能看出稳。这些训练也能练到筋，但是练的都是局部的筋。单一动作反复锻炼练到的局部的筋，跟武术站桩练的全身的筋，是两回事，不能相提并论。练局部与练整体是两种境界，两者有天壤之别。

第二十四条　从老先生跟人比画动手的外形动作中，窥见其技击原理

下面通过几个故事讲讲技击的外在形式。以前我不知道技击是什么样的，以为技击就应该跟拳击一样。以前的老师教我抡，打拳就往对方脑袋上抡。那时候，我认为武术跟拳击似的，拳头加腿！当年我练形意拳，练少林拳，包括练意拳时，脑子一直想这个。

在跟父亲练拳的时候，我还问过父亲：打起来是什么样

---

① "三从一大"训练原则产生于20世纪60年代初，源于解放军的训练，后来推广到我国的体育训练当中，即"从难、从严、从实战"出发，大运动量训练。

儿的？我父亲跟我说，就是有劲儿，劲儿特别大。那时候我练拳的目标就是，首先要抢，要抢得快，而且力要大，一直这么练。我那时对武术摸不着边儿，弄不清楚怎么回事。

自从跟常先生接触以后，我才明白。常先生教我拳，最大的特点是跟我讲老先生教他的时候说的原话，我得到很大启发。听了老先生的原话，我问常先生："既然您跟老先生接触过，那您跟他动手时，他怎么弄，您有什么体会？"常先生跟我讲了老先生怎么动手，他跟老先生搭手是什么感觉。我受益匪浅。在这之后，我练拳就好像找到了方向。我觉得现在练中国传统武术的人都特别可怜，这是武术失传造成的。因为没见过武术家动手技击是什么样，找不到练武术的方向。

下面我介绍一下老先生跟人比画拳时的外形。据常先生讲，老先生在跟人搭手比拳的过程中，俩手往前伸得特别长，手臂几乎是直的，抬起的位置高于头部。老先生的腿弯曲度比较大。他个子比常先生矮。常先生身高一米八。常先生说自己从上面往下一看，老先生特严实，找不到破绽，没法下手。

老先生跟人比画起来，站姿是做摩擦步时双腿磨胫的姿势，特别像是一条腿站在地上，步伐还特大，"噌"地往前、"噌"地往后，特别快速地移动。常先生说，只要被老先生俩手摸上去，自己的重心就不稳了。只要一搭手，老先生就能给常先生摸动弹了。只要常先生一动弹，他就直接往前撞，一下就把常先生搋坐在那儿了。以上是对老先生跟人搭手比画拳时的外形描述。知道这个外形以后，读者可以去练，揣摩一下力怎么使才能跟这个外形配合上。

平常这爷俩练习搭手，有上搭手和下搭手。上搭手是常先生的手在上面，老先生的手在下面，反之叫下搭手。如果是上搭手，常先生一用劲儿就会直晃，脚底就被拔根了；再一用劲儿，自己就起来了，老先生一上步就把常先生放出去。

如果是下搭手，就是常先生的手在下边的时候，老先生的一百多斤重量能粘在常先生身上。常先生等于托着一百多斤重量走，一会儿就累了，根本托不动。还有平常练习的时候，只要两人搭上手，不管常先生上搭手还是下搭手，都不敢使劲儿。一使劲儿，老先生就能给常先生放出去。如果常先生不使劲儿，老先生就随便做，想动常先生哪儿就动哪儿，想摸常先生鼻子就摸，想挠常先生眼睛就挠，想揪常先生耳朵就揪。常先生一用劲儿，"噔"就被老先生摔出去了。常先生用的劲儿越大，摔得越狠。

说到这里，还有五个故事：

故事一

常先生说，老先生不打人。跟老先生搭手，不管跟他怎么练，他绝对不会打你。跟他搭手，你要是用劲儿，他就摔你一跟头；你要是不用劲儿，他就"哈哈"一笑，就不跟你搭手了。他是这么一种练法。老先生搭手不怕你用劲儿，就怕你不用劲儿。

有一次，老先生跟于永年搭手。于永年就松着不用劲儿，老先生说，你怎么不使劲儿啊？这不全没了嘛？于永年说，对，我是没了。老先生一会儿弄一下于永年鼻子，一会儿又弄一下他耳朵。老先生说，你这不全丢了吗？于永年说，对，我是全丢了。老先生说，你得使劲儿。于永年说，我知道，我一使劲儿就出去了；我要是不使劲儿，我就丢了。不就是这么一回事吗？老先生哈哈一笑，他就不跟于永年搭手了。

故事二

有一次，常先生跟老先生动手。老先生把手伸出来，常先生速度很快地刀了老先生一下，老先生一下就把常先生扔出去了。常先生感觉，老先生的劲儿是往常先生后边去的，"噔"一下常先生就摔出去了。

我以前讲的力太多了，现在主要讲外形。读者在平常练习的时候也要考虑这外形是怎么回事，为什么用这种形，这种形配什么样的力。好马得配好鞍，这就是形和力的关系。

故事三

汇文中学有一个体育老师，叫王金山，身高一米九，有劲儿，手也大。有一次，有人跟王金山老师说，你这么大个儿，又这么大力气、这么大手，老先生是小细胳膊，你要是攥着老先生的小细胳膊，他会怎么办？就撺掇他去找老先生，攥他胳膊。他和老先生很熟。有一大中午，儿个人一起去老先生家。老先生正在屋里喝茶，一敲门，老先生就去给他们开门。老先生一开门，王金山就想把老先生的手腕给攥住。老先生往回一收手，动作特快，王金山没能攥住老先生的手腕，"腾"地一下被老先生放出去，一个屁股蹲儿摔在院子里。不知道怎么回事，就一下，王金山就出去了，特别快。老先生当时也愣了，说，你们这是干吗？这些人实话实说：我们想试试，王金山的大手能不能攥住您的细胳膊，看看您会怎么做。老先生说，你们少跟我来这套！红毛绿眼的事儿我见得多了。

故事四

这是老先生给常先生讲的，他跟泽井健一第一次见面的事。那时老先生还住在中南海万字廊，泽井健一去找老先生，老先生正在走廊里抽烟。泽井跟老先生说：我跟你打听个人，王芗斋住这儿吗？老先生说，是住这儿。泽井问：王芗斋在家吗？老先生说：不在。泽井又问：您认识王芗斋吗？老先生说：我认识。我是他弟，王芗斋是我哥，你找他干吗？泽井说：我想认识认识，交流交流。我听说王芗斋武术练得特别好。老先生说：你不要跟他交流了，他练得也不怎么样，没有必要交流。别人都是瞎说、吹牛，他不会练。泽井健一很聪明，说：您是不是王芗斋？老先生说：你说对了，我就是王芗斋，但是不会练，你也别找我交流。泽井特别谦虚，懂礼貌，给老先生鞠个躬，说：您别客气，我就想来拜访您，跟您学学。老先生说：你甭跟我学，我根本就不会练，你要跟我比画还行，比画拳还凑合，但也不见得多好。泽井说：行啊！我来就是想和您比画比画的。老先生说行，那你就来吧。老先生说，泽井跟我这一撅屁股，我一撒手他就出去了，扔他一屁股蹲儿。泽井坐在地上，眨了眨眼，又站起来了。泽井说：我再跟您比画一下行不行？老先生说，行啊，再来一下。老先生说：他又一撅屁股，我这又一撒手，他又一屁股蹲儿坐到地上。泽井服气了，然后就走了。

过了几天，他开着车来了，带着一车补品，给老先生买了很多礼物，比如好多葡萄糖，就要拜师。老先生就把他介绍到姚宗勋那儿了，说：你找姚宗勋去吧，就说我让你去的，让姚宗勋教你。泽井健一其实是跟姚宗勋学的，没有跟老先生学，老先生没教他。

故事五

李永宗说，老先生跟泽井健一比剑的事是他撺掇的，比剑时只有李永宗一个人在场旁观。李永宗和泽井健一，谁也没见过老先生用器械。有一天，李永宗跟泽井健一说，你跟老先生比比剑。当时日本剑道最高段位是七段，泽井健一是六段。泽井健一带着两套剑跟护具来老先生家，跟老先生说：您教教我击剑。老先生说可以，就让泽井穿上护具衣服，拿起竹剑。泽井健一带了两套护具衣服，想让老先生也穿上护具、持剑。老先生说，我不穿你的衣服，也不用你的剑，我用这拐棍儿就行。泽井健一说，您要是不穿这护具衣服，我可不敢比，怕伤了您。老先生说，你伤不着我，放心吧！李永宗讲，泽井健一往前站好，双手把剑举起来，做好往卜劈的姿势。老先生把拐棍往下一收，站个虚步，就跟走摩擦步时磨胫步似的，俩腿弯曲着并在一块儿。他那拐棍头儿就比他脑袋稍微高一点儿，他的手在下头，站得特别低。

李永宗讲，那时候泽井健一年轻，高大，高举着剑。老先生往下一缩，看着又小。瞧这架势，老先生就要输。李永宗说他当时后悔了，心想撺掇这事干吗。老先生说：来吧！泽井健一轻轻往下劈了一下。老先生没动，说不行，你这力不够。泽井健一稍微快了点儿，用力照着老先生的头顶又来了一下。他不想用全力，要是看到老先生不行，还能收着点儿、含着劲儿，别把老先生伤了。

老先生根本就没动，说：不行！你这劲儿还是假，根本没用真劲儿，这怎么比？你要比画，得用真劲儿，不能点到为止。老先生特别反感点到为止。他平时常对门人说，不能点到为止，点到为止就是假了。李永宗讲，泽井健一被老先生撺掇得有点儿急了。第三下，他用力了，"唰"一下劈下来。老先生一上步，用他拐棍儿的根部一下就顶到泽井健一所持竹剑的根部，两个人的手快挨上了，"腾"地一下儿泽井健一就被撞飞了，"哐当"一声出去了，拐一弯儿，一下儿就撞在大街门上了。特漂亮！

168

李永宗说，老先生做得真漂亮。这哪儿是拿器械，老先生整个儿就是拿人去撞他。这剑到底怎么比的，到现在仍然是个谜。反正老先生整个儿就是一个撞，俩人的器械一接触，就相当于搭手了。

第二十五条　技击就是枪术，枪术就是技击，要想懂技击必须得懂枪术

现在很多练武术的人，一讲武术就是打，讲什么"接、化、发"，他们根本不懂枪术，不会技击。必须要懂枪术，弄清楚枪怎么使，才能真正明白武术技击。中国武术的练法是从枪术上演变过来的。形意拳的创始人姬际可，是一位骑马的大将，擅长使枪，号称神枪。姬际可得到岳飞拳谱后，日夜研究，最后发明了形意拳。形意拳是"以拳为枪，以枪为拳"。

中国武术在没有门派的时候，都叫功夫。形意拳跟太极拳的练法是一样的。其实，形意拳就是太极拳，太极拳就是形意拳，形意拳的创始人跟太极拳的创始人所练的东西没有什么区别。后人给练走样了，拳法失传以后就不一样了。

练武的人在平时比试中，因为用枪危险，就把搭枪之法用到徒手对抗中，改成搭手了。中国武术的这套东西是经过多长时间形成的，谁也不知道。大概有几千年的时间，在没有文字之前就有它了。这种枪尺寸多少，多粗、多长、多重？用什么技术去驾驭它？中国武术的枪，最早也是抢，在战场上的互相打斗靠抢。经过长期战场上的真打实搏、生死争斗，得出一个经验：用重兵器、长兵器对抗轻兵器、短兵器，轻而易举就能取胜。兵器是越重越好，越长越好。但是兵器加长加重以后，抢得越来越慢，速度比短的、轻的兵器慢了，在战场上也吃亏。

中国古代战场上使用的枪，最后定型为长两米八左右。白蜡杆的枪身最前边加上一个铁的枪头。白蜡杆的根部粗到什么程度呢？后把一把攥不过来，前把刚刚能攥过来，还不见得能攥得那么严。就是这么一根白蜡杆，加上一个枪头儿，我拿过。我年轻的时候比我劲儿大的人不多。我抡不动，没速度。抡太慢，上战场是找死。这么一根抡不动的枪怎么能使得快呢？你要是没有经过武术专门训练，上战场用这种枪，还不如拿把菜刀。

要驾驭这种枪，需要特殊的训练。这种特殊的训练就是站桩，把桩站好、站整了，才能驾驭这种枪。咱们老祖宗凭借极大的智慧，通过站桩修身，改变练武人的生理素质，找到长、重、快之间的平衡点。在长期的打斗当中，中华民族生存下来了。从这个意义上讲，武术是军事上性命相争的搏斗，不是戴着拳套打擂台赛，不是商业操作。中国武术"这个打是太真了"，这是老先生的原话。中国武术打斗是来真的，特别真！武术是生存之道。

站桩站到有整劲儿的程度，能听劲儿了，端着枪就不抡了，而是用搬拦拿扎，在战场上端着枪照对手身体中间就去了。对手眼瞧着你这枪奔着身体中间来了，想拨拨不开，想躲躲不开，一下就被扎死了。这就是技击。对手一拨，一接触，这叫搭枪，又叫拦。一拦上，俩人就比试站桩里边的东西了。你站桩站好了，就在这一瞬间，运用横竖力的原理，就叫拿。拿住了就是扎。这叫拦拿扎。搬，就是劲儿长，力不断。枪术是技击桩的力跟枪的结合，是搬拦拿扎。这就是老先生经常说的"守中、用中、夺中"。

用器械配上这种力，"搬拦拿扎"这套枪术在战场上很有效果。

枪术是从冷兵器时代战场上的真打实搏中发展起来的，技术含量越来越高。到了明朝，出神入化，发展到武术的顶峰，后来由于热兵器出现，才慢慢淡化了。

我们接着讲技击的形式，讲搭手。我和王选杰先生搭手的这件事对我启发特别大。我俩搭手搭的是手指头。他很慢地往我心窝捅。他让我防他，我当时还真没防住。我就感觉自己没办法，他就进来了。当时那个瞬间我就想到，这要是搭枪，我就被扎死了。

我通过那次搭手，体会出搭枪的原理。如果搭上枪，要是不知道这个劲儿，一搭枪他真往里冲。如果冲自己来的枪拨不出去，一下就被捅死了。搭枪时，抱着枪往前冲，以前常先生给我讲过很多次，我也不明白。那次跟王选杰先生搭完手，我才明白这枪术的"拦拿扎"——往里"扎"的一下，那真是绝了！

传统武术不容易练。不管是形意拳、太极拳、八卦拳、少林拳，还是大成拳，确实都不好练，所以容易失传。我认为这是社会问题，是拳谱的问题（老先生的话）。各方面的因素和影响都有。

通过教拳，我认识到拳确实不好练，跟着我练站桩，从桩上练出东西来的人寥寥无几。大部分人还是想去抢，虽然站着桩，脑子里却老想着抢。桩是一个不好理解的东西。我对拳的理解都是通过"看其形揣其意"获得的。常先生跟我讲了很多老先生的故事、老先生拳法的外形，我才揣摩出这个意、力。这是我的体会。我也想先把形讲出来，然后你们自己去体会，再揣摩意、力，这对站桩的理解有帮助。如果你站着桩，脑子却想着如何抡、如何打，那么对站桩没什么益处。

我跟常先生接触以前，练了六年形意拳，六年意拳。这十二年，我没少下功夫，没少动脑子，但是我就觉得自己一直摸不着门，当时脑子里想的就是抡。我们那个年代没有散打，没有 MMA（综合格斗），但是有拳击。我见过拳击，专业的拳击运动员我见过。如果你脑子里觉得技击应该是拳击、抡这种形式的话，站桩根本就站不下去。你一定理解不了桩，永远理解不了。

现在电视里、手机里的搏击类视频都是抡的，散打、拳击、MMA、笼中斗，还有传统武术队散打，等等，全是抡，没有不抡的东西。读者学站桩，一定要把这抡给去掉，要想着不抡，只是站桩，下功夫站，不求收获，只求耕耘。不要把抡当成传统武术。我希望读者能踏踏实实地站桩，从桩上得出的技击的东西，才是传统武术。

以前我看过中央电视台体育频道搞的武林大会，里边有太极拳的比试。俩人要比赛了，先搭手，他们的搭手动作让我眼前一亮。但是，他们搭完手又分开，借此再打。尽管搭手这个动作已经变成了一个亮相，但是借此可以看出太极拳从口传心授上讲，是有搭手的，是通过搭手来进行技击的。

通过太极拳这个现象,你悟出了什么?老先生说的话,老先生怎么做的,我听说的东西,我自己经历的东西,全都说了。通过站桩,能够悟出技击的东西。我把我走过的这条道,悟出来的东西全说了。怎样站桩,我也教了。

我跟常先生练拳,我本着什么都不会的"空杯归零"的虚心态度求教。我跟常先生说我什么都不会,您就当我是一张白纸,随便画。我觉得这是练拳的一个很重要的心态。用计算机术语讲,叫清零,从头学。如果你们满脑子装着散打、装着拳击,我觉得这桩就没法儿站了。

"屁股坐地下"是我父亲跟我说的。最早我跟我父亲练拳,后来他把我介绍到陈子江那儿练拳。我父亲跟我说,你到陈子江那儿,得把这"屁股坐地下"。你别老认为自己练了多少年,懂拳了。我教你的都不算数。我教你的全是错的!我父亲爱说把"屁股坐地下",好比刚上幼儿园的儿童,就是一张白纸,什么都不会,让老师随便画。我这一生,不管学什么,都抱着这种心态。我拜哪个老师都是这样,以前的事清零,从头儿学。这是我的体会。

第二十六条　身上没功夫,不要搭手

搭手很容易,拳击、散打、自由搏击等,都有搭手。如果连手都搭不上,还不做任何保护动作,人家一出拳就打你脑袋上了,你不是傻子吗?就别再谈打了。

武术里的搭手学问可大了。要想弄明白搭手,有一个前提条件——必须得会站桩。站桩站出不动的劲，搭上手才能有用。如果只是抡才有劲儿，就别搭手，否则搭上手你连跑都跑不了。这时候你就得跑着打，远着打。散打用的这套叫作"远踢近摔"。

中国武术讲的是功夫，讲究站桩，身上有了争出来的这种劲儿，"打人如亲嘴儿"，近距离抱着打。这时候搭手才叫技击。

第二十七条　中国武术技击源于古战场的枪术

"拳成兵器就。"要研究中国武术的技击，必须研究器械（兵器）。中国武术的兵器，剑、刀、枪是一样的；棍另当别论，棍扫一大片。棍比枪短，重量轻，也比枪细，抡得动。枪又粗又重，抡不了，要站桩，要用这桩劲儿，才能运用枪法"搬拦拿扎"。过去我父亲跟我说过"枪点一条线，棍扫一大片"，当时我不太明白，后来是跟常先生学完拳才知道的。

过去练武的人，别人一看他手里使用什么兵器，就能知道他的水平。使枪的人水平都高，见着使枪的人，注意点儿。在战场上，凡是使枪的人都是高手，他的身份可能是官，也可能是兵，但他绝对是高手。使刀跟使剑的一般都是当官的，水平高还是当官的。因为剑、刀都有护手，有护手的话使用过程就简单多了，而且安全。可是制造刀、剑的成本高，所以只有当官的才配刀、剑。使枪的没护手，使起来复杂。

使枪的技术含量是最高的，最低的是棍。一般使棍的练得不算太好，而且还是当兵的，因为棍可以抡。在古代，军队有几万人，这几万人中水平好的能使枪，水平不好的、没内劲儿的使不了枪，使棍可以。使棍的技术含量是比较低的。

对刀、枪、剑有一定的了解，这对站桩是有益处的，能帮你理解站桩。比如，为什么要站到不动之时就有劲儿，为什么要用中力，为什么要守中、用中、夺中……这都是枪术。了解兵器对站桩是有好处的。

第二十八条　由日本战刀、中国56式步枪和古代战场上的木枪说技击

中国武术技击是力与兵器的结合。这个力不是抡力，能与一定重量、一定长度的兵器完美结合。我研究过很多兵器，包括出土文物中的兵器和日本战刀。20世纪70年代，解放军的装备步枪上带着一把刺刀，一折、一插上就变成刺刀了，能拼刺。

日本战刀比较轻，是双手握的，可以抡，也可以不抡。日本战刀做得不错，这是根据实战经验设计的。第一，它是双手握的，适合实战；第二，它可以抡。通过日本战刀我们可以发现，日本军界这帮当兵的，没有掌握中国武术的劲儿；如果他们掌握了中国武术这劲儿，刀一定会加重、加长，在

战场上的效果会更好。

日本战刀跟中国武术的兵器相比是有缺陷的。拿咱们长枪跟日本战刀比画，他们不行，从兵器上他们就输了。只有会站桩的人才能看出日本战刀的毛病，不会站桩的人看不出日本战刀的缺陷。

解放军的枪，叫"56式"，前面带三棱刺刀。全国解放军的拼刺都是一样的。当过兵的人都知道，因为步兵都练拼刺。我也学过拼刺。解放军的带刺刀步枪，太重抡不起来，这不是抡的东西。解放军练的是向前刺，虚步站好了，然后弓步刺。还有防左刺、防右刺、防上刺、防下刺，很简单，都是刺。其训练也是合理的，没有说拿着枪抡人家的，全是虚步防弓步刺，不是抡，练的是小动作防刺。

但是，解放军不具备咱们站桩这劲儿，所以用的是动作，一防一刺都有动作。水平高的动作小点，水平低的动作大点，在战场上动作大的吃亏。枪的重量是合适的，他们的训练能用动作来弥补。通过这步枪设计与拼刺练法，就能知道当时中国军界的水平是很高的。

这是我说的武术技击原理。

第三部分

释义与答疑

释义一：现在练大成拳、意拳的人，都以健舞来展示或表演拳法。健舞在大成拳里到底有什么作用，有必要练习吗？

不必练健舞。

健舞实际上是把四形连起来，再随机地加上自己的几个习惯动作进行练习。健舞的动作外形，谁都能练，但那不是武术。如果按照武术的要求来练，那么谁也练不了。四形，至少是四个动作，再加上自己的一些连贯动作，至少是四个试力。现在让我看，没有一个人能把一个试力做好；一个试力都做不好，连做四个试力，能做好吗？应该一个动作一个动作地练。试力是一个动作接一个动作，是动。按照武术的要求做动作的时候，你得做出不动的力来。一个动作是由无数个不动的力组成的，这才叫试力，这样做动作才对。

比如说拳往前伸出 20 厘米，在高水平的试力中，这 20 厘米必须是由无数个不动的力组成的。拳往前移动 20 厘米，不动的劲儿一厘米一个。动一厘米就用一个不动的劲儿；走 20 厘米，我就有 20 个不动的劲儿。这已经是高手了，至少得有三个不动的力。

没有不动的劲儿就不能练四形。可以这么说，现在敢练四形的人，要是真知道四形应该怎么练，就不会再练四形了。

当初老先生练四形，就是练健舞，是表演性质的，是给外行做表演的。老先生一高兴，表演了一下，就整出来一个健舞。后来，王选杰先生也跟着表演了一下，之后很多人就练健舞了。现在练大成拳、意拳的人，以会的东西多为荣，以为会得越多越好，能站多少种桩形，会多少种试力，等等。其实，这是外行！老先生练健舞没问题，但他自己练的时候，从来不练健舞。王选杰先生也练过健舞，也是表演性质的，用来蒙外行的，但是他自己练拳的时候也不练健舞。健舞，是表演用的；咱们练功没有健舞这个科目。

大成拳，乃至中国武术，应该练的就是一式！一式练好了，百式全会；一式练不好，练多少都没用。现在太极拳有 36 式、72 式、108 式等，真正的太极拳练的也是一式。还有形意拳，不管什么拳，练的都是一式——其实就是桩！把这一个桩练会了，就全会了。

老先生之所以能做健舞，是因为他会站桩，他会一式，会一个动作，所以其他动作都能做，做什么都对。会站桩就是站在那儿有劲儿，不动时有劲儿，动起来也有劲儿，随便动都行。他是四形，你弄个六形、八形都行，那就是"胡作胡有理"了。

释义二：大成拳有没有发力训练这个环节？抡力是靠动作发力，不动之力是没有动作也能发力，对吗？

大成拳里有训练发力的环节。跟我学拳的人，训练发力从第一天就开始了。站桩就是在训练发力。一开始站桩，不管是谁，如果按照我（笔者）的要求站，肯定是没力的。要站到技击桩的程度，不动还有劲儿，不动也能发力。站桩站出内力之后再试力，将来总有一天能出一个直拳，有三个不动的力。

在一个直拳打出去10厘米距离的发力过程中是有虚实的。比如走1厘米，能出一个不动的力。在这1厘米行进当中，出力的那一刻叫实，剩下的叫虚，中间有虚点。出了20个不动的力，半厘米就出一个力，这半厘米中间还有虚点。总的来讲，一出拳，不动的力出得越多越好，但肯定仍有虚点；出的力点越多，虚点越少，水平越高。比如说你半厘米就出一个力，对方一厘米出一个力，一搭手，他这虚点自然就出来了，因为在两个力的中间隔着一厘米。你是半厘米，可以在半路上截击他，截他那虚点，抓住那个虚点你就赢了。

试力之后，还有搭手。搭手相当于实战，对方把他的力压在你身上了，这时候你的力能不能发出来？如果他也是有功夫的人，那就比谁的力的虚点少，虚点少的人更强。如遇到的对手是外行，有蛮力，一搭手，你给他力，他一使劲儿，力的方向出来了。他要是横力，你就出竖力；他要是竖力，你就出横力。他用竖力顶，你再出横力，你永远比他快半拍，让他这劲儿总是跟着你走，这就叫搭手的发力。

举个例子，比如推铅球，手上托着一个十斤重的铅球，用全身的力气把球给扔出去，这叫抢力。变力，是托着铅球往前走，走到中间的时候，力能够改变方向，突然往右，或者往左，手上却一直拿着球没松劲儿。球一直在手上，变力、变方向，力却断不了，永远有力，而且还能变力。这是一个完整的发力。

因为是托着球，没扔下，你的力一直得有，只不过变个方向而已。所以从这个角度上看，咱们发力时间是长的。这在搭手的时候能体现出来——俩人一搭手，就不能松了，永远让对手感觉你有劲儿。一搭上手、老摁着对手，或者托着对手，横着对手，让对手松不下来，让对手永远是紧的，而你是松的，这就叫发力。我说得够详细了，但是这东西不是说明白的，是练明白的。

跟人搭手以后，让他感觉你没有松的时候，老让他紧着，老让他扛着你走；他一松你就进去了。就这么个意思。再比如，推着车上陡坡，不敢松，一松车就下溜压着你。压弹簧，弹簧特硬，快压到底的时候，你敢松吗？一松弹簧就弹起来了。

释义三：署名老先生写的《大成拳论》和《意拳正轨》里为什么没写"搭手"？

答：我看《大成拳论》通篇写的是搭手。我看出来了，但是你没看出来。因为我有这经历，有跟常先生学拳时一天俩钟头站桩的经历，站了八年多。你可能缺乏我的经历，所以看不出来。

释义四：什么是好拳谱？为什么现在人看不懂这个好拳谱？

答：《九要论》《打手歌》《大成拳论》都是好拳谱。

什么时候站桩站出劲儿了，拳谱就能看明白了，同时也会知道这三本拳谱是一脉相承的，说的都是搭手。太极拳拳谱《打手歌》里说的"引进落空合即出"是搭手，不搭手就没法"引进落空合即出"。只有练出这劲儿了，才能"引进落空合即出"，这只能通过搭手做到；"掤捋挤按采挒肘靠"说的也是搭手。我讲《大成拳论》，到处都说搭手。包括以前我讲的"上步"，其实也是搭手。站桩的时候也得想搭手。

岳飞的《九要论》、老先生的《大成拳论》以及太极拳的《打手歌》与这个类似。不站桩，没那劲儿，这些东西看不懂，看不懂就会瞎解释。

释义五：武德是什么？

武德，是中国最早的文化，是老祖宗通过学武、练武总结出来的。学任何东西都这么学，才能学好，这叫武德！用现在的话讲，学风和作风要端正。正确理解了武德，才能正确理解武术，才能知道武术绝对不是体育里的一个运动项目，而是中国文化。要想干好任何事情，都得武德好；武德不好，什么都干不好。正确地理解武德，你才能理解武术是贯穿人类生存全过程的，是一门综合性的学科。

过去的老前辈都说，咱们入门学武术，就得先学武德。武德是对人的一种教育，教育人怎么学习才能把东西学好。也就是说，只有学风好、作风好，才能把工作做好，把学术做好。比如说，现在人爱造假，不能吃苦，这就是武德问题，是武德不好。

只要是和中国文化有关的学科，其中都贯穿着武德，因为武德是一种学习方法、工作方法。应该这样来解释。

释义六：何为抡力，何为不动之力？

比如说，俩人正在游斗，互相看着，互相往前凑，谁也没出拳，这时候两人是没力的，都松着。那么，什么时候发力呢？就是看准后，抓住对手一个空当出拳，正好挨着对方鼻子。这是抡力，实际上是撞，是一种冲撞力。

而不动的力是俩人还没接触，准备打还没打，互相没出拳的时候你就有力，全身都有力；打击的主要方式是搭手。没打出去时，你有力，而且力不断，永远有力；跟对方搭手，让对方出力——对方出横力，你出竖力；对方出竖力，你出横力。你不动都有力，能做横竖力。

用抡力打人，如果人家护住，就打不进去了。拳击、散打经常是这个情况。对方间架在那儿搁着，如果对方护住头，你只能打下方；如果对方护下方，那你就只能打上方，只能调动。如果用不动的力打人，对方即使用双手护着头，没有空当，你用手搭着对方的手，用手把对方的手撕开，对方的空当露出来，你就可以打击对方。

释义七：站桩时如果感觉背后几个点有力透出来，可有人不信，该如何去检测？有没有一个客观的检测标准？让别人用手去推或打吗？或者，练功者站桩时感觉到身体某个部位有点出力了，这只能凭自己的感觉？练功者是不是可以不用计较出多少力，继续深入练就行？

随着练功的深入，全身能够出力点越来越多，这如何能算得清楚？

比如，我站桩时感觉到每个关节都有力了，是不是一个关节算一个力？再如，手掌背面的某个点发胀，感觉有股力道透出来，这也算一个力吧？再比如，腋下发胀，也有力透出的感觉。这也是一个力吗？总之，某些部位感觉像有根棍子从里面往外顶，这算是一个力。

我听常先生转述老先生与他聊天的内容——武术是保家卫国的利器，在唐宋不轻易示人，用现在的话说，只在军队、警察的高层中传习。元朝末年各地农民大起义，武术逐渐流向民间。到了明朝经过"军官大融合"，武术迎来了大发展，到达了顶峰。清代初年以降，武术迅速没落，传承也由公开转入地下。武术的站桩逐渐失传，开始以表演套路示人。进入热兵器时代后，军事战争更是不再需要武术来扛大梁，练站桩已经失去了保家卫国的实战意义。

用老先生的一句话，今天站桩的人都是"自私"的，都是给自己练的，对自己有好处。别人看着不好看，做停、动的那种试力特别难看；可是这种练法对自己有好处，练得时间长了能有功夫，跟别人没什么关系。别人承认不承认是他的事，这没有必要检验，好好练你自己的就行。在练习阶段，要求别人承认你，没必要。

我自己是这么练的！我要把站桩传下去，往大了说，是保留中华武文化的火种，使之薪火相传，把中国武术传承下去。对个人而言，站桩跟练别的功法相比，能让你追一辈子，一直有的练，一步一个台阶，永无止境，能达到你自己的巅峰。你要是练别的东西，练十年、二十年，也达不到站桩这种程度。你说哪个受益大？

这就是检验的好方法。你不要去跟别人比，就只跟自己比，这是最公平的。站桩是为了自己，不是为了别人承认，尤其是站像我传授的这个桩，人数极少。

我相信追求武术真理的人还是有的，相信武术最终要回归本源，这样才能有活路。朝这个方向发展是迟早的事。对这一点，我深信不疑。

但是，那一天什么时候到来，现在不能确定。我可能看不到那一天了，但传统武术的有识之士最终会承认这方向是对的。

练出力来，自己有感觉就行，没有必要记具体的数。练出多少个力是我说的，不是老先生说的，拳谱上也没有。我说练出多少劲儿，说的是"三节"，是岳飞的"三节"，你们可以看看《九要论》的"三节"。你只有在身上出了很多劲儿以后，才能理解"三节"。像他们说的"三节"，哪是中节、梢节、根节，照本宣科地练，这其实是不懂三节。你必须把身上练碎了，练出很多力来，才能真正懂"三节"。

站桩有很多感觉，比如发胀，这些感觉现在说是对的。因为站桩必然有感觉，不可能没感觉。但三年以后，这样说不见得是对的。因为过了三年会有新的感觉，比现在的感觉更好、更真实。

力就是力，在你不清楚的时候，是没有得着力的。要真得着力了，肯定清楚哪儿得力了。我要教拳，还要写书，我知道的很多东西都写在我的书里，以示后人。这些不能不说，不能不写。有些东西不是让你们去练的，你们知道就行，不要去练，这东西都是功到自然成的。

一定要把桩的姿势摆对。姿势是形，这最重要。姿势摆对了，然后在站桩上花时间，至少一边站一钟头，最多一边站俩钟头，两边交替站，四个钟头就行了。业余练武的人每天站两个钟头，一边一个钟头，这样效果最好。如果时间紧，每天站半个钟头也行，二十分钟也行，都会有效果，有进步。

我是重形不重意的。形一定要正确，但我不注重所谓的意，不像别人，站桩不注重形，重意。老祖宗早就说过，"意自形生"，这是由人的生理结构决定的。只有在形正确的情况下，才能练出意。形不正确，意是出不来的。所谓的不重形重意，那个"意"就是胡思乱想，不是真正的意。

释义八："力感越强，桩形越正确"，对吗？

从自己得力的感觉上判断，力感越强，就认为桩形越正确，这是不对的。

站桩始终要保证形的正确。练三年桩与练一年桩，形一定有差别，要让师父调桩。有的人，桩形只站对了五成；他要是肯下功夫站桩，也能练出一定的力。有的人的桩形，虽然正确率达到八成，但是没有下功夫练，也出不来力。在实际站桩过程中，桩形不可能完全正确，需要在站的过程中不断修正，才能慢慢走向正确。

一个人不可能开始站桩时形就正确，都要慢慢来的，需要随着他的得力点，根据他的体会，修正这个桩形，这样才能越来越接近正确。如果练得好的话，十年左右就能把桩形定下来。

一个人练二十年、三十年，也不可能把桩形练得完全正确，只能慢慢修正，不断地调整。码一个桩，一开始练的时候，外形间架是对的，但是里边的要求一时半会儿做不到。站桩对身体各个部位都是有要求的，需要下大功夫。经过足够的年头，经过疼酸麻胀的阶段之后，才能把桩架慢慢地调整正确。

桩架基本正确，与站桩要领正确还差十万八千里呢。

释义九："鼓荡"是不是身体里阴阳两面筋反方向同时高速拉伸，从而形成没有方向、机体动态平衡的状态？如果真是这样的话，功夫越深，动态的频率就越高，动作幅度就越小，这符合老先生说的"大动不如小动，小动不如不动，不动乃生生不已之动"的拳理，对吗？

这样理解不对。"鼓荡"实际就是松紧，松紧同时存在。站桩首先练紧，能紧起来，之后继续站就能站松，同时紧也留下。紧变成一个劲儿，松也能变成一个劲儿。这俩劲儿就是阴阳，也是我经常说的松紧同时存在。这俩劲儿合起来就像弹簧。比如有一根一尺长的弹簧，把它给压下去，压到一半的时候，你是不是感受到有松紧了？往回放，你得使劲；往回顶，你也得使劲。实际上这就是松紧同时存在。

原来有一句话叫"大成拳无点不弹簧"，身上跟弹簧似的，身体里一个地儿或者一个关节，松折还有力，有这感觉就叫松紧。如果说我全身有一百个劲儿了，那么全身这一百个部位就都有松紧。这一百个部位同时产生松紧的时候，里边互相掺和，互为根本，合起来就叫"鼓荡"。

释义十：站桩需要加强敌情意念吗？在打的过程中，抢力和不动之力怎么体现？

站桩时，以"傻站"为主，同时可以假想任何事，不假想也不可能做到。因为人是活的，控制不住自己的念头，但"假想"一定要为辅，比如可以想想搭手后的事。

整力出来后，在站桩、试力和搭手的过程中，横竖力的相克和变劲状态，就是练习技击桩的状态。那么这个时候，是否需要加强敌情意念以及生死格斗、毒蛇猛兽在前的那种意念呢？在打的过程中，抢力和不动之力这俩力怎么体现？问题的提出就有问题，如果站桩时整力出来了，那么这个问题就不是问题。既然提出了这个问题，那么站桩必然没站出整力。

我们首先要认识的对象还是力，其中的道理很深。我说的四个力是"提、顿、吞、吐"，还有刚柔力、浑圆力。力是很深的，只有到出了一定的力的时候，才可以练技击桩。技击桩的练法仍然还是围绕这几个力，上下前后或者含蓄地练，还是练力。

这些东西，不要强求，都是自然出来的。咱们这代人跟老先生不一样。老先生讲的是古代的事情，古代的武术有一个非常重要的作用，就是技击，是用来保家卫国的。现代武术在保家卫国方面已经不适用了。现在练技击，目的是为了提高身体素质；在追求技击的过程中，能认清很多事物，认清问题，认清世界，提高对很多东西的认识。练了武术，身体好，人聪明。我的体会，站桩就相当于学数学，通过学数学，你能明白很多道理，触类旁通。

由于跟我学拳的人少，而且跟别人练的都不一样，因此显得"势单力薄"。如果以后咱们人手多了，可以搞比赛，就像拳击、散打似的，举办商业比赛。可以培养一些职业运动员，靠打比赛养活自己，这样能让他们练得更好。

我的思路是，一定要学会站桩。站桩是一门技术，不会站桩就不可能懂武术。不管你练成什么样，吹多大牛，有多大名气，只要你不懂站桩，你对武术就不可能真正了解。要想懂武术，必须得把桩站明白。

站桩，是中国武术文化的根基，能让你长很多知识。现代体育公认的力，都是抢出来的，是重量加速度；而我们的老祖宗能够站着就有力，不动就有力，不用抢、不用动就有力，这把一般的常识和公理都颠覆了。这里面有多深的道理，谁也不知道。这事现在谁都不信，就看你钻不钻研，能不能弄明白；只要弄明白了，这事就是奇迹。其他人的力都是抢出来的，只有你的力不抢，站着就有力。你琢磨琢磨，这是一个世界性课题，看你能不能研究出来。我认为具备科学家素质的人才能把桩站好，要不然站不好。这桩不是好站的，特别熬人！只要学会站桩，你就可以当一个科学家了。

释义十一：站桩时如何解决呼吸憋气这个问题？

呼吸憋气，说明你身体内部的耗氧量大于吸入的氧气量，正常的呼吸已经不够用了，所以会感觉到憋气，这是很自然的现象。就跟你跑步似的，短跑50米，憋不了气；跑的距离长了，到了一定程度，呼吸不够用，才会憋气。站桩到了一定程度，呼吸憋气是必然现象，说明你练得还可以，走在了一条比较正确的路上。如果运动量非常小，就不会有这种感觉。这和跑步憋气一样，都是运动量的问题，很正常。

站桩遇到这种情况要怎么解决呢？方法就是，什么也别想，自然呼吸即可。如果呼吸有点儿憋气，那就使劲儿吸，吸痛快了为止。就是通过大口吸气、深呼吸来解决这个问题。

深呼吸到了一定程度就是腹式呼吸，这是站桩从胸式呼吸到腹式呼吸的一种自然过渡现象。跑步要是憋气了，不是还得跑吗？一边跑一边吸气。憋气你就大口吸。咱们大活人，也不能让呼吸给憋死，你就使劲儿吸气。

还有一个方法——跑步去，往长了跑，你自己体会怎么解决呼吸问题。跑步也是自然呼吸，不能像有些人说的，有意往肚子里吸气，那就麻烦了——有可能练出病来！一句话，自然呼吸。实在不行，把嘴张开，用嘴跟鼻子共同呼吸。

释义十二：在《大成拳论》中，老先生说过，无论是站桩、试力还是技击，只要横膈膜一发紧，便是错误；而在试声中，则要求能够使全体细胞鼓荡，且自卫技击还强调下腹充实，呼吸弹力。问题是，横膈膜要是不发紧，这些要求怎么能够达到呢？

首先，老先生教了常先生很多年，一直说他自己没写过书，而且还说，从古到今没有一个人能写一本把拳给说清楚的书。让练习者照着书就能练拳，这样的书，全天下都没有。

《大成拳论》不是老先生写的，老先生认为不能用写书的方式来传拳法，必须口传心授。老先生终身反对写书，因此《大成拳论》里并没有准确表达老先生的拳学思想。

我对自己教的这些东西是负责任的，这些都是老先生传下来的。许多人知道常先生跟老先生学拳，但老先生是怎么教的常先生，都教了些什么，谁都不知道。

我和所有跟我练拳的人都说，不能用科学来解释拳法。想用运动生理学来生搬硬套地解释咱们的拳，用科学来解释传统武术，是行不通的。要把武术练好，必须通过站桩把劲儿练到身上，这是聪明人干的聪明事。一辈子干好这一件事就行了，不要干两件事。又要练，又要解释，这就是两件事了。你同时干两件事，不容易干好。

我们要把站桩传承下去，知道用什么方法练出不动的劲儿，把这个劲儿练出来。能干成这一件事，你就是一个了不起的人。

不要再提横膈膜的事了，这不是老先生说的，老先生根本就没说过横膈膜的事和细胞鼓荡的事。

老先生教常先生时说过"试声不用练"。站桩找着这劲儿，达到技击的水平时，再练试声，那时候一练就有。用"咦""呜"的谐音，练一两天就成了，这不是什么高深的东西。

练好大成拳，首先要"走近"老先生，了解老先生的思想，了解老先生对大成拳是怎么理解的。这是最重要的！我教的东西，包括写的书，是把老先生的原话往外堆，很少有我自己的发挥。我尽量让你们了解老先生原汁原味的拳学思想。

执笔写《大成拳论》的人，没有完全了解老先生的意思，写得最失败的是练习步骤。站桩、试力、技击桩、试声，写得乱七八糟的！这是《大成拳论》的最不成功之处，还因此误导了很多后学。

老先生练拳没有这些步骤。我书里写的是老先生教给常先生的原话，是老先生真正的意思，这才是大成拳的练习步骤。

释义十三：我在站桩过程中采用高姿势时，首、颈、手、臂、肘、肩、背、腰、胯、腿、脚的筋骨都能明显感觉到挣抻之力；尤其是站高桩时，明显感觉到脚下与头、颈的对拔之力。这个力甚至带动着手、肘、肩、背的对抻之力。特别是手肘前撑时，会产生向上、向后的非常强的悬拔之力。但是站中下姿势时，却只有上身感觉明显。不知道这是因为姿势不正确，还是什么其他原因？

现在所有跟我练站桩的人，应该都是以中步桩为主。中步桩的步的大小怎么界定呢？你在站这个桩的时候，步子大到总感觉好像要劈腿劈开似的——就是滑，前腿往前滑，你得往后搂着，否则前腿就能滑出去。有这种感觉的时候，就叫中步桩。

现在站桩的人都要找这感觉。如果说前腿没有往前打滑的感觉，则说明步子太小；步子要大到前腿往前打滑，得往回抽，不抽的话到时候滑我一下，能把我腿给劈了。前腿往回一抽，这劲儿就对了，这就叫中步桩。

前腿只要往回一抽，两腿就形成夹劲儿了，这在岳飞的

《九要论》里叫"剪子股"。武术里特别强调两腿一定要形成夹劲，所以得让前腿有点儿打滑，然后往回抽，这么着时间长了，才能把这个夹劲儿练出来。这个夹劲儿特别重要，怎么形容都不过分。练功夫长期保持夹劲儿，积累十年左右，就能练成圆裆。圆裆太重要了，前提是一定要以练中步桩为主。

高桩是在站中步桩时间长了以后，忍耐不住了，才站一会儿，是让你偷懒用的。现在这个阶段，站高桩是练不出东西来的。站高桩时全身感觉都挺好，能站很长时间，站一个钟头。站大步桩时下身没感觉，上身有感觉，因为站大步桩时下身累、疼，一疼一累就没感觉了，这是很正常的；上身不累，站时间长了上身的感觉就出来了，但即使出来也是假的。

站中步桩、大步桩时下身没感觉，上身有感觉，这是正常的、必然的。说白了，就是累，就是疼。疼了以后，你想的全是怎么扛过疼，自然就没感觉了。站桩就应该追求疼酸麻胀，不要追求感觉。当然，如果练了十年了，有时候自然出来的感觉是对的，这没问题。

初练的时候不要追求感觉，只追求疼，只要站桩站疼、累了，顺着疼酸麻胀这程序走就对了，感觉是肯定能出来的。用老先生的话说，应该就是意、力、气，一旦出来，意力气合一，这是真的。没有经过疼酸麻胀，如果感觉特好，出来很多东西，比如钝角、争劲等感觉全出来了，这都是假的。练了很多年，疼过去了，再出这些感觉，才是真的。没经过疼酸麻胀的过程，出什么感觉都是假的。

站桩只要把时间攒够了，每天俩钟头，一边一个钟头，松了就加力，老让自己疼着，最后这个感觉肯定能出来，出来就是真的。我最烦的是谈感觉。有些人的感觉跟老先生说的一模一样。我最爱听怎么疼，疼得受不了，难受得什么感觉没有，这才长功夫，长的是真功夫。

总之，练拳应该以中步桩、大步桩为主，不要站小步桩。拿咱们这个水平来讲，站小步桩练不出东西来。练了很多年，在中步桩当中把这劲儿给摸索出来了，而且摸得比较熟了，再站小步桩。劲儿只要出来了，站小步桩也能继续出来，站不站桩、坐着躺着也能出来。这劲儿只要一出来，什么姿势都不重要了。

这劲儿没出来之前，要以中步桩、大步桩为主。咱们都是从这儿练过来的，我的体会也是忒难受。忒难受的时候允许你偷个懒，偷懒的时候就站小步桩、高桩。但是这懒偷得越少越好，别多了。少偷点儿懒，练得好点儿，也是自己的收获。这就看忍耐力了，忍耐力越强的人练得越好。所以我们要以中步桩为主，再下点儿狠心，能站大步桩就更好了。可以以大步桩为辅。

释义十四："我最近有个感觉，就是哪儿跟哪儿都是钝三角形，请您指正。""我也有三角形支撑的感觉，但更明显的感觉是身架在撑圆，就是处处有争的意思之后，自然感觉到处处都是钝三角形。这种感觉说不清楚。""两间争，头跟

手、脚、胯、肩等都有争的意思，于是觉得这些地方有很多钝三角形。"

"钝三角形"不见得是老先生说的。老先生教了常先生这么多年，没说过"钝三角"这仨字。常先生问过细胞鼓荡的事，老先生说根本不是他说的，他自己也不懂。他说那是别人说的。像"钝三角形"这个，我觉得也可能是别人说的。

老先生怎么理解拳，才是最重要的。常先生对老先生的拳学思想是比较清楚的，把握得比较准。常先生当年教我的时候，把老先生说过的原话都告诉我了，这对我理解拳、理解老先生的思想起到了决定性的作用，所以我觉得我能正确理解老先生的拳学意思。

原来我也以为《大成拳论》里记载的是老先生的原话，实际上不是。常先生说了很多老先生的原话，这在《大成拳论》里都没有。比如，老先生说大成拳不是他创的，但大家都认为大成拳是老先生创的，认为老先生是大成拳的宗师。老先生说他创不了拳，还说：大成拳要是我创的，我劝你们就别学了！既然我能创拳，那别人也能创，我不比别人聪明啊！全世界比我聪明的人多得很，大成拳我一个人创不了，这是中国几千年来千万个拳学家共同创造的。

我在教拳的过程中，也说了很多话，《大成拳论》里没有，老先生的著作里也没有，有些话跟著作里的内容是相悖的，但是这些话确实是老先生亲口说的。《大成拳论》不是他自己写的，其实这也能证明很多人不是跟老先生学的拳。

我教你们的时候，会说常先生当初怎么教我的，也会说老先生怎么教常先生的。"大成拳原理"不是常先生说的，也不是老先生说的，是我说的。你们去分析一下我说这话对不对。

"钝三角"不要考虑，即使考虑了也没什么用。不要成天翻那本书，看看就行了，应该以我给你们口传心授的内容为准，以站桩为主，其他为辅。

释义十五：大到中国武术，小到大成拳，内核只有站桩。站桩能养生吗？

站桩的目的是把全身练遍、练透、练整，这是最高级的养生。达到这种程度以后，才能进入技击状态，才能去技击。站出不动的劲儿来，全身很多地方都练到了，有点儿整了。这个劲儿只要一出来，跟人一比画就是技击。现在跟我练拳的，都是在练养生，我没教过技击。

我讲的都是养生的东西，但是我很少专门谈养生。今天，我简单地说一说养生。

首先，"气生于骨而连于筋，血是气之海，肉是气之囊"，要把这句话背下来。这是养生的第一个原理。

其次，"内五行、外五行相表里"，要知道中医的这一则理论。站桩的时候，凡是凹进去的地方，都属于心的系统；凡是外面露骨头的地方，都属于肾的系统；凡是肉厚的地方，都属于脾的系统；凡是关节区域，都属于肝的系统；凡是突出的地方，比如毛发、鼻子，都属于肺的系统。这就是外五行跟内五行相表里。这是养生的第二个原理。

中国武术的养生，始终围绕着这两个原理，广大读者要把这两点记住了，好好琢磨琢磨。

释义十六：最近站桩，酸的感觉跟以前不一样，两胳膊、后背、大腿后面都酸，而且这个酸劲是早上站完后一直酸，躺着也酸。您是否可以讲一下这个酸劲持续的时间？另外，两臂和后背似乎有根钢筋穿着似的。如何缓解站桩时酸的感觉呢？

缓解站桩酸的问题有以下两种方法：一是停练——站酸了，酸得厉害，就不练了，这样的话酸很快就过去了。等过去了再接着练。这是一个方法。

还有一个方法就是甭理它，接着练，只要能咬牙坚持，就让它酸，尽管时间很长，但是总能过去。真想把拳练出来，应该用第二种方法，生扛着继续练。咱们业余练拳的，不强求用这种方法，实在不行，就歇一阵子。

站桩站对了，疼、酸、麻、胀、累、苦，这几个状态都必然会出现。我说的两种方法，适用于不同体质的人，不能一概而论。跟咱们一起练拳的这些人，要是二十多岁就生扛站桩时酸的感觉，岁数大了以后可以考虑休息，主要以锻炼身体为主，练这不动的劲儿还是其次。

释义十七：您经常说，发力是个慢（长）的过程；您又说，形意拳也讲这种力，但不叫爆炸力，叫炮拳，两者说的

是一码事。这种力在对抗中非常快，一搭手，两力相接，心中念起，意到力到。从搭手时算起，比枪还要快。那么，要怎样理解您前面说的发力是一个慢过程，而后面这段描述的发力又是一瞬间的事？

这可以从几个方面回答：

（1）发力是很快的。发力的快慢在于横竖力的运用。

俩人搭手这一瞬间，两力相接（不管是搭手还是搭枪、搭刀）是不动的，发力是不动的。如果你没有站桩练出的这种力，碰到一个会搭手的人，俩人一搭手，这一瞬间你发不出力来，抢都抢不起来。

老先生说，你不会动了，就成沙袋了，人家打你跟打傻子似的，或者说跟打沙袋似的，就这道理。俩人搭手接触的一瞬间，你用抢劲儿打，人家封住你，这一瞬间你就动不了，要想再动，只能把拳抽回去再打第二拳，或者换另一手出拳。比如你左手打人一拳，和对方一接触上，你只能再出右拳打人，左拳已经失效了。这中间有时差，碰上高水平会搭手的人，就不会给你这机会。你左拳一出，他和你一搭手，你还没来得及出右拳，他这拳就进来了。从这个角度说，武术这个劲儿是最快的，要我说，比枪都快，因为用的是不动的力。

老先生教常先生的时候说过："人呢，有竖力就没横力，有横力就没竖力，这是人的天性。如果既有横力又有竖力，你放心，那就不是人了。只要是人，他就只有一种力。你就去琢磨吧。"常先生也跟我这么说。这也是人的弱点。

不管是足球、篮球、排球，还是中国摔跤、日本柔道，都是这道理。摔跤的绊儿，是用了横竖力的原理，用的是动作。如果绊儿上去了，你就不能扛，一扛就会反方向摔。除了武术，别的运动也运用横竖力的原理。对抗项目都有这个特点，谁都清楚。只不过他们用的是动作，是有形的东西。武术也运用这横竖力的原理，它的横竖力是不动的，这是其他运动都不具备的。只有站桩才能练出不动的劲儿，不动也有劲儿才能搭手，搭手相接的一瞬间是不动的。如果不会这不动的劲儿，搭手的俩人都动不了，那只能再转换动作。

现在有的人练推手，把对手弄歪了再扶正，放人放不动。因为他不会这不动的劲儿，发不出力，所以只能用动作把人弄歪了，调整后再放人。他这一调整，对手也调整了，这样一来就放不出去了。这是因为他没有不动的劲儿。

（2）从老先生的（搭手）功夫来谈为什么中国武术的发力快。

常先生说老先生不是神仙，不像传说的那么神。有人说，老先生在屋里一动，墙都"咣咣"响，这我也听说过。还有人说，老先生一下就能上树、蹿房越脊；还有人把老先生说得跟现在练武的人一样，也是瞎抢……这都是以讹传讹。

常先生说过，老先生既不会拳击也不会摔跤，可是有一点，老先生摸着谁，就能给谁摸趴下。他说老先生就有这个本事。老先生的好些学生知道这一点。他们和老先生搭手的时候，都不敢使劲儿；一使劲儿，老先生一下儿就给放一屁股蹲儿。

搭手出劲儿，不是横就是竖，出不来中劲儿，因为你没这功夫。老先生跟你搭手，用的是中劲儿，那劲儿在中上，不出尖。老先生可以做到"形不破体、力不出尖"，劲儿在中间，你摸不着。比如他往下，你跟他一顶，往上一抬是横力，他拿竖力一放；你出竖力，他拿横力放你。因为他有这功夫，他的力永远在中间，不出尖。咱们一用力，力就出尖了，不是往前就是往后，不是往上就是往下，不是往左就是往右，肯定有方向。

顺力逆行也是横竖力的道理，你用横力他用竖力，你用竖力他就用横力，你永远追不上他。因为他没动作，他不动但还有劲儿；你没不动的劲儿，只能用动作，有动作就慢。其他体育项目，要发力就得抢，这一抢就有动作。中国武术的发力是最快的，我们的老祖宗经过几千年战场上刀枪剑棍的拼杀搏斗，总结出"用不动的劲儿"这么一个规律来，不动比动要快。这个不动的劲儿，比其他运动的抢劲儿要快。

（3）关于"一与二之争"，是一松一紧，还是松紧同时存在？

大成拳内部曾有一个理论争辩，有的人说，发力是两下，一松一紧两下完成一个完整的发力，这是一种理论；老先生的理论是，没有两下，就是一下。

我练意拳的时候，认为第一种理论是对的，因为我喜欢体育运动，是个好动的人，觉得发力就是一松一紧两下，不可能只有一下。当时我们都认为第一种理论是对的。这是

"一、二之争"的源头，是关于发力的理论之争。多年后，我认为老先生的理论是对的。松紧能同时存在，所以老先生说，发力没有一、二，没有两下，就是一下。

通过站桩，站出：第一，有力；第二，力是松的。这个力实际上是紧的，用我的话，叫松紧同时存在。在你有力的情况下（咱们这力必须打实，不能打虚，你要是打虚，这个力就体现不出来了），必须搭手，才能体现这个力的奥妙。两人一搭手，你能动，能听出对方的力是竖力还是横力，能听出他的力的强弱——强的那个是实、弱的那个是虚，比方说，他出竖力时，竖力强，那么他的横力就是虚的。一搭手听出他的力来了，他是竖力你就往横里走。这一瞬间，横竖一转换，就叫拿，就是"搬拦拿扎"里的"拿"。横竖力一转换，对方就不会动了，你就顺着进去了。一般情况下，你要是碰个没经验的人，一两下他就完了。金兀术最后说了一句话叫"撼山易，撼岳家军难"。他在跟岳家军交手的时候，岳家军拿着枪，两人一搭枪，一枪就能毙命。两人搭枪就是一瞬间的事。你扎我一下，我一横，这时候对方就没劲儿了，你真扎他，就给扎死了。以前我跟王选杰先生试过一次，这是选杰先生给我讲的关于横竖力的观点。

（4）不动的力是为了在战场上使用武器发展而来的。

技击要拿重枪，因为使用重武器占便宜。重的武器抢不了，所以中国武术练站桩，求不动的劲儿。用不动的劲儿拿着重武器，比如又长又重的枪，抢不动！中国武术真正的兵器，要抢是抢不动的，这是中国武术的精华。为什么你们听着新鲜？因为这种方法失传了。

老先生把桩给传下来了。我喜欢老先生的拳，一直教老先生的拳。老先生在这方面是很伟大的。我佩服老先生。

此外，技击发力，说起来又是慢的，这可以分两个方面说：

（1）说时迟那时快

这即是我说的"发力慢"。这发力的详细过程我要是不说就没人说了。"搬拦拿扎"这四个发力过程，每个过程如果详细地说，都能写本书。老先生有一句话："技击一道，甚易实难言也。"做起来就是一瞬间的事。如果你练到那种程度了，用的时候"不期然而然，莫知至而至"，是一个自然状态下的本能反应。

好比在战场上扎死一个人，扎完了还不知道怎么扎的，刚刚一照面就把他扎死了，比你想的还快。做就是这么快，一说就慢了。

（2）"拿人"的过程长

"搬拦拿扎"中的"拿人"，时间比较长，这是因为力不断。抢力是断的，比如砍砖头，一接触上、砍上的这一下有力，剩下的力都是断的。我说的发力时间长，是那个劲儿一直不断，一搭上手它就不断了。碰到没经验的人，一下就杵死了，很快。如果碰到一个对抗经验丰富的人，在争夺的过程中，你这劲儿是不断的，跟导弹似的不断。这个发力可长可短，碰到一个经验丰富的人，也可能发力发上一秒。我说的不是很准确的时间，就是那意思。这个发力时间是可长可短的。

从搭手开始算，一直到分出胜负，在这过程中，力是不断的。"搬拦拿扎"算一个完整的发力。从这个意义上讲发力的过程是长的。"搬"是常态，"拦拿扎"是一下。"扎"的这一下是个变力，"拦拿扎"做起来又是一下儿，从外形看是不动的，里边的劲儿在动。站桩站出不动的力以后，外形不动里边动。

站桩时，外形纹丝不动，外形越稳越不动，里边力的动荡就越大；外形一动，里边的力就不会动了。

"搬拦拿扎"中的"搬"练好了，行站坐卧都有，练成一种常态，全天候的。"拦"是搭手，"拦拿扎"是一下，好比用手写个"零"，功夫越好圈儿越小。再省点儿事，写"L"，先反着写，写底下的横，再写那竖，一正一反，合在一起，是"口"，是方的——"神圆力方"。实际运用的时候，这力就是方的。

力长，力不断，这是相对"抢力"说的。抢，一下一断，中间有断点，就跟炮弹似的，力是短的。我说的力长就是不断，只要力不断就是长，类似于导弹出去以后，有电子遥控在控制它，使它不断。武术练出这不断的力，不管怎么动，横动、竖动，"拦拿扎"，一气呵成，中间不断。不断，力就长。

不动的力比抢的力快，因为它没距离，越不动越快。有距离就需要时间，就会慢。

咱们这个力，又快、又长、又不断，在不达目的的时候，劲儿老不断，不断就长。同时，它的运动没有位移距离，所以比抡力快。这都是相对的。老先生说："譬如机械之轮，或儿童之捻转儿，快到极处，形似不动。"

释义十八：现在很多年轻人非常关注传统武术与现代搏击之间的切磋，依您看，练大成拳的人通过站桩具备了不动之力以后，经过试力、推手、步法、体能、对抗等练习，还需要哪些方面针对性的训练，才能与现代搏击抗衡？

传统武术怎么跟现代搏击对抗？这个问题我已经考虑了几十年了。

在 20 世纪 80 年代末 90 年代初，我已开始关注传统武术与现代搏击之间的切磋。这条路应该怎么走？依我现在来看，只有站桩。

现在我教站桩，就是在做这件事，这条路很长。我在 20 世纪 70 年代还没跟着常先生学拳的时候练的是意拳。当时我就考虑过这个问题。那时北京练意拳的高手，我全遇见了。而且，在我的武术生涯中，北京各门派的高手我都见过。所以，我对北京传统武术各门派的打斗水平，心里非常清楚。

北京传统武术的水平，在全国基本是最高的。1949 年前，全国传统武术最高水平在天津，1949 年后是在北京。

20 世纪 70 年代的高手，还在研究怎么练。现在这些高手也在研究怎么练，但是他们的方向错了——他们在研究打。现在的传统武术高手练的是散打，往散打这个方向发展。

现在号称练传统武术的人可不少，可能有几千万，但是我不认为他们是练传统武术的。实际上，传统武术现在已经失传了。我现在做的，就是教几个会练传统武术的人。

传统武术怎么才能跟现在世界范围内的搏击高手抗衡？以前我经常跟常先生提这事。首先，咱们得练，会练，练会。只要你练对了，大成拳、形意拳、太极拳、八卦拳，包括长拳等都是一样的。传统武术不分派。除了八卦掌咱们不清楚以外，其他拳法都要站桩。传统武术都是一样的，以前没有形意、太极、八卦这么分的，都叫功夫，都是练功夫。传统武术是一家，没那么多门派。

首先，咱们得把传统武术练起来，练的人越来越多。练习传承武术是很困难的。因为传统武术属于需要下大功夫、吃大苦、流大汗的慢活儿，现在咱们的学风、作风是往短平快的方向发展的，这不适合大成拳的生存。因此，传承站桩，是很困难的。

我有目标，这一生至少要教出十个练传统武术的人来。我希望教出的这些人，能够继续传承。如果他们每人再教出十个人来，那就变成一百多人了。这一百多人每人再教十个人，那不是一千多人了吗？传统武术就这么慢慢发展起来了！首先要让大家练起来，练的人越多越好。

中国踢足球的人有四万多，这四万多人中，我觉得能有几十个是条件特别好的。如果咱们传统武术有四万多人站桩，那时候肯定能出尖子。传统武术就是需要站桩，站桩的人多了，必然能出好的。这东西就是属于金字塔形的，只有底下的地基打得大，上边的尖儿才会高。

现在所谓的练传统武术的人跟人家搏击的对抗，其实是散打对抗，没有真正的传统武术。在我看来，他们练的都是搏击，不是武术。这样一来，传统武术跟现代搏击的对抗不成伪命题了吗？咱们练的是技击，不是散打、拳击。

将来练传统武术的人多了，有百八十个人了，可以先在内部搞技击对抗比赛，制定适合传统武术的规则。武术的技击是搭手，定规则时，注明必须有搭手。如果你不搭手，我就判你输，强迫你搭手。大家都搭手，站桩站得好的人就占便宜，由此来鼓励大家站桩，在站桩中提高水平。现在我只能说个梗概。

咱们的技击要想跟世界高水平搏击对抗，必须有专业或职业选手。光靠业余站桩的人去跟世界高手对抗，这是不可能的。业余站桩只能普及，普及的人多了以后，有氛围了，可以搞成专业技击，跟现在中国的散打似的，搞成专业的。将来武术要想达到世界高水平，也要走专业或职业路线。

所以要有适合站桩的技击规则，一定要把规则制定严密，让练散打的、练MMA（综合格斗）的、练拳击的用咱们的规则进行比赛。他们用咱们的规则不行，咱们用他们的规则也不行，这时候才能互相切磋。制定一个大家都可以接受的规则，然后再切磋。这条路是可行的，但短时间内不可能实现，因为现在没有练传统武术的人。武术是功夫，现在没有练功夫的人，怎么去对抗现代搏击？

释义十九：学习传统武术的意义在哪里？

学习传统武术，不只是打。传统武术跟散打、拳击不是一回事。练散打、拳击，你要是不打，就没的练了，因为你练那些，就是为了去打。传统武术是一种生存之道，打只是其中一部分，也可以打商业比赛、表演赛。但传统武术绝对不只是打，打是其中一小部分，练中国武术还有更大的意义。

不是所有人站完桩以后都能技击的，只有练到那种程度的人才能技击。普及站桩，练站桩的人数多了，其中可能会出现能技击的人。有的人从性格上就不爱技击；有的人天生喜欢技击。喜欢技击的人，站桩站到身上有了不动的劲儿，就能技击了。

把桩站明白非常重要，明白以后，才能传承；如果站不明白，就不知道站桩的重要性，也不会很虔诚地去传这站桩。我这么虔诚地去传站桩，是因为我把桩站明白了。现在有很多站桩的人、练拳的人，其实是在散打，不是传统武术，传统武术必须得在站桩当中站出技击的能力，再去打，这叫技击。

中国武术练功夫要练十年，十年不出门，"挑门帘子就红"，这是老祖宗传下来的规矩。不用去打；功夫好了，到外边儿自然就是高手。

释义二十：世面上流传的《桩功与四形》一书中，《论桩功与境界》一文谈及桩功三种境界和十年桩功是否相同？

这篇文章是真的，其中所说的桩功境界很高，一般人还真说不出来。这是老先生说过的，但应该不是老先生写的。老先生跟常先生说过，他不同意写书，也烦写书，自己没有写过书。老先生认为，练拳，教拳，不应该写书，就应该口传心授。他反复对常先生说，不要看拳谱，跟着他练就行，要口传心授。

我跟常先生练了多年拳，也问过他这件事。常先生家一本拳谱都没有。他以前问过老先生，《大成拳论》是不是他写的，老先生说不是他写的，是别人写的，但是他看过，写得不怎么样。人家就说，那你自己动手写一个好的。他说，我写不出来，就这样吧。

事就是这么个事，其他署名老先生的书，我也就不好问了。常先生说到这儿了，我还问什么呀？我要是拿你们的那些问题去问常先生，他就不爱听了。对老师父们，不是什么事都可以问的。我对常先生就不是什么事都敢问的。

老先生的拳学思想就是站桩，什么功夫都得从桩上得。桩是聚宝盆，里面什么都有，取之不尽、用之不竭。只要是武术上的东西，都得在桩上找。

我对老先生的评价是，伟大的武术家！他之所以伟大，就是因为会站桩，把桩学过来、传下去了。在我学拳的过程中，接触了很多北京的武术名家，最后跟常先生练。常先生最让我佩服的一点，就是他会站桩。其实常先生其他的也不会，就会站桩；我也是什么都不会，就会站桩。我身上最好的东西就是站桩。你们要是能从我身上把桩上的东西学走了，就很了不起！别的东西，很多人都会，站桩没人会。

释义二十一："鸡腿龙身虎豹头鹰爪"说的是力

从整体拳术来说，"鸡腿龙身虎豹头鹰爪"是拳的力，也可以说是拳的理论。

站桩能练出很多劲儿来。"鸡腿"说的是腿上的劲儿。如果站桩站对了，不光腿站对了，上面都站对了；如果上面站不对，腿劲儿也出不来，这都是对应着的。上面站对了，中间和腿上也站对了，这腿劲儿就能出来，出来就是"鸡腿"。"鸡腿"是一个比较高的目标。咱们只要腿出劲儿了，基本就可以算是奔着"鸡腿"这个目标去了。

古人吸收动物的特长，认为在动物里，鸡的腿是最厉害的。鸡是个大身子，腿特别细，而且鸡腿还有个特点——一条腿站着的时候鸡还能睡觉。所以鸡经常一条腿收着，一条腿站着。这招绝了！确实有神奇的地方。

站桩功夫练好了，腿上力量可以随意分配，前后腿的力量能够互换，本来是前三后七，前腿一使劲儿就变成前七后三了。站浑圆桩，也就是平步桩，是很难站的。站挑眉桩，前三后七能分出来，重量主要在后腿上。站平步桩的重心在中间，两腿怎么能站出三七开呢？老先生站平步桩，他两条腿的重量能站出三七开，或者二八开、四六开，两条腿的力量能互换，这是功夫。如果功夫练到这种程度，那就可以叫"鸡腿"了。

"鸡腿"不是轻易能够达到的，练功夫练得腿长劲了，但是不见得能到"鸡腿"那种程度。要是真能力量互换，重心对倒，把"鸡腿"练出来了，那你肯定是整的，不是局部。练出整体感也是从局部开始。开始时你练的全是局部，局部练多了才能成整体；整体有了，你的局部才能特别好。要是腿上有"鸡腿"的功夫了，手上也就有鹰爪的功夫了。其实差不多，就像太极拳说的"揽雀尾、雀难飞"，都是类似的。

"揽雀尾、雀难飞"和"鸡腿"是同等水平。手上是"揽雀尾、雀难飞"，腿上的最高境界就是"鸡腿"。"鹰爪"是手的最高境界，身体的最高境界是"龙身"。龙是虚无的意思，功夫练得越好，身体就越"虚无"。

身体的"虚无"，是指五脏六腑都是松的，像没有一样。身体有劲儿都是外边的事。用我的话说，就跟穿一件防弹背心似的。里边不能练实了，要是把身体里边练实了，就坏了。

龙身指的是虚无、松、无形、柔。原来说的是"龙虎二气"，龙指的是虚、柔、灵活；虎说的是实、力大、刚。"龙虎二气"也可以说刚柔相济，龙是柔，虎是刚。刚柔、阴阳、龙虎二气，说的都是一回事。"龙虎二气"说的是全身。

再说"虎豹头"。古人研究动物，认为老虎跟豹子的头是最有力的，它们的脖子也很有劲儿。老虎不管向谁发动攻击，它的头都是挺着的，而且老虎的头特别有劲儿，要是扑人，它的头能使上劲儿。咱们取这寓意，头应该练得跟老虎、豹子头那样有力。

说到膀子，熊膀子最有力；说到胳膊，猿猴的胳膊是最厉害的；说到手，鹰爪最厉害。练到鹰爪的程度，说明手练得非常好了。鸡腿龙身虎豹头，或者熊膀猿臂鹰爪，可以一起说。鹰捉说的是一个动作，形意拳里有个动作叫鹰捉。比如马步、弓步、龙形桩，这些跟鹰捉是一回事。

"鸡腿龙身虎豹头"，说的是动物特性和长处，咱们要学习动物的长处。这些说的都是力，是拳的高级境界，是老先生的水平，业余的练习者一般达不到这种水平。

释义二十二：说说中国武术原理

南北朝时期，中国武术达到了高峰。南北朝时，印度的达摩来了。这个时候，中国武术就结合了达摩的东西。有了站桩，才能获取不动的力，才能使用重型的刀枪剑棍，这也使得中国武术到达高峰。后来，这种练法越来越普及，明朝时就普及到老百姓了。中国武术的最高峰是明朝。

中国武术理论，南北朝的时候形成并完善，到了明朝则已相当普及。中国武术的原理是说得清的。

站桩时，身上一旦得着整力了，这个整力不但能够用在技击上，对养生也特别好。把桩站透了，内外五行相通，这时候还能抗病。养生跟技击这两种功效是同时存在的。

古代医学不发达，各方面条件都不太好，为了生存、自卫、抵抗疾病，有了武术。从这个意义上讲，武术是生存之道，是生存的哲学。看待武术，不能用现在人的眼光。武术的起源是在原始社会，那时没有医院，冬天没有暖气，夏天没有空调，得了病，没人治。在那个环境当中，武术发展起来了。现在，自卫不需要武术了。没有武术，人也能活着，武术显得没有价值了。其实不是这样。

武术最大的价值正是它的原理，它的生存之道和生存哲学，这些都有很深的意义。

老先生说，中国武术是一种特殊的运动。全世界的其他运动，原理几乎都是一样的，不管是足球、篮球、排球、游泳，还是滑冰、羽毛球等，原理都是一样的，它们的劲儿都是抡，都是重力加速度，是物理学的原理。中国武术就与之不同，不但能练出技击的能力，同时还能养生，是鱼跟熊掌兼得的。

足球、篮球、排球都在动。太极拳是慢动，踢足球也有慢动，练拳击也有慢动，现在很多西方运动也有慢动，而且还有静练，一个姿势摆在那儿不动，这不新鲜！但是西方运动的静练跟咱们的站桩是两回事。

我教的站桩，跟现在武术界的站桩是格格不入的，是两回事。我是跟着常先生练站桩以后，才把这原理搞清楚的。

我坚持让你们站桩，只有通过站桩站出劲儿来，你们才能明白武术原理；不站桩，身上站不出劲儿来，武术原理永远弄不清。这个问题困扰我多年，一直到 20 世纪 80 年代末 90 年代初才弄明白。现在我一直强调站桩的重要性，就是要通过站桩，让你们都成武术内行。什么叫内行？就是清楚武术原理。

释义二十三：对于我讲拳的话，要整体理解，不要断章取义。

有些概念和问题需要澄清，你们也应该形成自己的看法。你们的观点是你们的观点，我的观点是我的观点，观点不一样没关系，允许存在分歧，这些都属于练拳过程中的正常现象。

不要断章取义地理解我的话，我写书就是为了把我的整体思想写出来，让广大读者了解我的整体思路。比如这本书，你如果全看完了，会明白从整体上来讲，它的观点是对的；但是你如果拿出某一句话来讲，它可能是错的。

在大成拳里，武术和站桩是一回事，这不是一两句话能说清楚的。你练十年，我跟你讲十年，才能把我的话说全。有很多人爱说，老先生说什么……其实这都是片面的。老先生说的话，你如果断章取义地看，有很多是错误的。跟谁学拳，都要了解他的整体拳学思想。

释义二十四：摁住人和放人

"常先生没有见过老先生放人，老先生总是能把人摁住。"我确实说过这句话，但你要是抓住这句话不放，这话就是错误的。在老先生怎么跟人比拳方面，我今天再说一遍，老先生放人放得是非常漂亮的。他能把人给摁住，这是放人放得漂亮的一种体现。

你们可能对这"摁住"不了解。常先生跟我说："老先生什么都不会，他既不会摔跤，也不会打拳，但他就是有功夫。他的功夫到什么程度呢？老先生只要能摸上你，就能给你摁那儿。"这句话是说，老先生放人的水平相当高。常先生说，他（老先生）拿中指蹭一下，就摸上了。中指比其他四根手指头长一点，老先生顺着那么一点儿就能摸上去，他这一百多斤的重量就能挂到常先生身上，把常先生给拿住，常先生就动不了了。

我写书，只能扼要地、梗概地写。

释义二十五：中国古人说的"拳拳服膺"之拳，和咱们现在说的拳，不是一个概念。与擂台赛相比，武术技击是实战。

技击是武术的专利，在对抗的项目中，只有武术才能称为技击。站桩站到身体得着不动的劲儿以后，再跟人家比画拳，才叫技击。武术技击是老祖宗从战争实践中总结出来的，是经过反复检验和印证的，是经过不断完善和提高而留下的宝贵遗产。技击是力与兵器的完美结合。这兵器又长又重，是抢不动的，必须用站桩得到的不动的劲儿。搭上以后，守中、用中、夺中。力与兵器的完美结合成就了中国武术的技击。技击是在战场上的杀敌中总结出来的，是实战。

老祖宗的拳跟现代人理解的拳不一样，咱们现代人认为俩手一攥就叫拳，老祖宗就不这么认为。老祖宗认为，力跟兵器的完美结合，能够保家卫国，能够保卫人民的生存，每天都得练站桩，这些全加上才叫拳，即"拳拳服膺谓之拳"。在武术里，技击只是末技，其他还有很多想不到的好东西。

散打、拳击，跟中国武术的技击是两回事，有着天壤之别。现代搏击的擂台赛不是实战，只是商业比赛。

释义二十六：如何应对武术打假？

只能依靠站桩。把站桩传承下去，让它普及，这样一来，咱们的武术就真了，就不怕打假了。

我练了多年中国武术，我的体会是，要想救大成拳、救中国武术，只能依靠传承站桩。没有桩的武术全是假的；武术之所以真，就是因为有桩。现在练武术的人都不站桩，即便有人站桩，也站得不对。站桩站得不对跟不会站是一样的。我是在做传承站桩这件事，并把它当成第一大事，其他事都可以让步。

释义二十七：与王选杰先生交往。

我想讲讲曾经和王选杰先生交往时的一些往事，这对大家理解武术有一定的启发作用。我曾和王选杰先生交往多年，无话不谈，亦师亦友。有时候他是我老师，有时候又像哥们儿，有时候又像父辈，对我做人做事影响很大。在与王选杰先生的交谈中，有三点令我印象深刻：

（1）寻求搭手是高人

有一次，某人跟我说，他曾经在与王选杰先生聊天时，选杰先生把手伸过来，其中一只手就指着他的鼻子，两手同时一前一后出来了。选杰先生跟他说："我要这样，你怎么办？"某人一笑，说："没办法。"

王选杰先生没说什么。某人问我，选杰先生这是什么意思？当时我吃了一惊！要是我，就去搭王选杰先生的手。这一搭手，不就搭上了吗？某人说："哦。"在这之前，我给他讲过搭手。他觉得自己明白了，其实没明白。

我上小学二三年级时，父亲经常说一句话，说是李星阶跟他说的：如果你碰见这种人，他把俩手往你眼前一伸，问你这怎么破。我告诉你，这是高人。如果你碰到了这种高手，你是打不过他的。赶快撒腿子跑吧！这是李星阶跟我父亲说的。我父亲跟我说这话，可不止说了一两遍。我二十多岁时，他还跟我说这事，我都有点儿烦了。后来我跟常先生站桩时才弄明白，练拳的技击是通过搭手来实现的，前提是通过站桩练出搭手。

李星阶的意思是，能搭手的人都是有功夫的人。我练过搭手以后，才明白这个道理。练拳这么多年，我还没碰到过能搭手的人。突然听某人说，王选杰先生要跟他搭手，我算是终于见到高人了，那就是王选杰。

（2）借法容易上法难

常先生以前跟我讲横竖力，我听不懂，于是自己琢磨，自己练。但是我一直没弄明白。

有一次，我去王选杰先生家。当时我俩聊到这件事。选杰先生说，这样吧，你伸出一根手指头。我就伸出一根食指，他也伸出一根食指。我俩坐在他床上，食指搭食指。他说："我直接捅你，你别让我捅。你试试！"他的食指朝我身上慢慢地过去。我想拨他，却拨不开。他的食指慢慢往前冲，我阻挡不了。我瞬间就明白了，这是横竖力的一种运用，叫"借法"。

常先生比较全面，借法、上法能同时用，他的上法比较好。形意拳里有一句话叫"借法容易上法难"，其实"上法"很难。有了上法，借法就好办了。上法怎么练？需要站桩——要苦站，下功夫。借法在现代中国武术里已经失传了。中国武术要想振兴，要靠上法。

（3）佛就在日常生活间

我听说王选杰先生的佛学水平很高。我对佛学一点儿都不懂。有一次我请他给我讲讲佛学。选杰先生说："你懂佛。"我说我不懂，一点儿也没学过。选杰先生说："不，据我观察，你是一个很懂佛学的人。"他说，通过说话和为人处世，判断出我是一个懂佛学的人，肯定学过佛。

他问我，说话和为人处世的方式是跟谁学的？我说话和为人处世的方式大部分是跟我父亲学的；教我象棋的张德奎老师对我的影响也特别大。我父亲的很多朋友，包括我接触的一些社会名流，他们的说话方式跟我父亲差不多，说话办事都那样儿。

佛在日常生活间。中国很多老人都懂佛，只不过人家没说，这在他们平时说话办事当中就能体现出来。你跟着他们学习为人处世，实际上也是在学佛。

释义二十八：为什么说不研究原理，你就不可能真正会站桩？

如果不知道原理，绝对不可能真正会站桩。中国武术的基础和核心就是站桩。要站出不动的劲儿，这是练中国武术的前提。

中国武术的技击原理是力与兵器的结合。武术需要研究。老先生常说，技击是拳的末技。武术不只是打，里面涵盖的东西很多，是一种很深的文化，是中国文化的根儿。

释义二十九：您一直强调站桩，站桩的意义到底在哪里？

（1）能把全身练透

站桩是站着不动练出技击的能力和技击的意识。站桩能传承下去并且传播广泛，其中是有科学道理的，所以能吸引科学家来研究，很有意义。

站桩能把全身练遍了。如果能把全身一千多个地方练出劲儿了，练出一千多个力点，就跟中医针灸穴位似的，哪儿都能练到，能把全身练整。

针灸穴位是怎么来的？老祖宗怎么知道咱们身上那么多穴位啊？是不是跟站桩有关系？穴位是不是站桩站出来的？这些问题都可以思考。

（2）五行相表里

你要是能把身体练遍，就能体会"内五行跟外五行相表里"的中医理论。

通过站桩，能体会到身体里面跟外面是通着的，内五行跟外五行相表里。把外边练全了以后，心肝脾肺肾自然也就锻炼到了。

（3）端正学风、作风

站桩是一门正经的学问。要想把桩站好，必须吃大苦、流大汗，还必须具备实事求是的学风，不能说瞎话！懂就是懂，不懂就是不懂。站到能体会到阻力，不动时能有劲儿，有劲儿身体还松着，就算入门了。等你入门了，你就会认识到，实事求是的学风跟吃苦耐劳的作风是正道。将来即使不练拳，去学别的东西，站桩培养的精神肯定是好的。

（4）身体好、人聪明

站桩，站到内五行跟外五行相表里的时候，身体就会变好，头脑也会变聪明。

释义三十：摩擦步的拳理是什么？

（1）摩擦步练的是外三合

站桩练的是意、力、气的内三合，而摩擦步练的是外三合——肩胯带着腿走摩擦步，力一定要从肩胯上来，要养成这种习惯，外三合加上内三合，叫作六合。

（2）摩擦步外三合中的手和胳膊

走摩擦步时，胳膊摆出站桩的姿势，这个姿势也是一种技击的架势。右腿在后、左腿在前的时候，重心从后腿往前倒，用右肩和右胯带着右腿走。这时，胳膊是不动的，只是摆一个架势，搁在两边也好，成分水式也好，总之胳膊保持不动。倒重心时，架势虽然是不动的，但肩胯的力要给到两臂和手上。肩催肘，肘再催手。肩胯带着胳膊、顶着胳膊走。两臂上的力来自肩胯。肩胯催着肘，肘催着手，这是用力的顺序。

开始时以肩胯为轴、为主，手和脚是由肩胯带着走。练熟后，脚跟手就能呼应上了。练摩擦步，能让手、脚、肩胯合上。一动脚，手上有劲儿，这是通过肩胯、肘传导到手上的。一动手，脚上也能用上劲儿，这也是通过手、肘、肩胯、膝、脚这些关节互相带动的。

（3）关键在于站桩要站出劲儿来

摩擦步往深了练，脖子、脑袋、后背、前胸、两肋、大腿、小腿都能练出劲儿来。全身的劲儿主要来自站桩。

（4）好的试力是试全身

不管试什么力，都是试全身的。试腿能试出手来，那才叫真正高水平的试力。刚才我讲的只是简单、机械的腿的试力。真正好的试力能试全身，一动就是全身，试的是整体力。试力是动，站桩是静。大成拳就是一动一静的结合，很不简单。

释义三十一：如何练习摩擦步？

我用五句话来概括摩擦步试力的要点。

（1）往前倒重心

摩擦步或者说蛇形步试力，是腿的试力。

站桩摆好一个姿势，前三后七，身体重心在后腿，然后把重心挪到前腿上。慢慢往前挪，每挪一点儿，都要能回来——永远要有能回来的意识。假设前面有一个坑，你不知道，往前一挪，发现有坑，马上就能回来，掉不下去。试力时也要这样试着往前挪。

重心从后腿移到前腿时，要有一种不知道是往前走还是往后倒的感觉，好像忘了似的。需要往前的时候随时可以往前，需要往后的时候随时可以往后。摩擦步倒重心练到这种程度就不错了。

往前走的时候没法往后，往后走的时候没法往前，这叫抢。往前走的时候能往后，往后走的时候能往前，这才是咱们求的中，这叫"力在中上"。身体在倒重心的时候，永远能够前后不定，永远能往前往后同时做。原地站着不动，只练倒重心也行。身体重心一会儿在后边，一会儿又挪到前腿上，一直在俩腿之间转换。腿的试力是重心的转换，上述练法才是正确的。

（2）提拎后腿

走摩擦步倒重心时，如果后腿可以抬起来，那么抬后腿的力是从肩上来的，是由肩带胯动，也可以说是从胯上来的，是肩胯同时把后腿给提拎起来的。练习时，后脚刚一离地，就要定一下，脚脖子要绷住、钩住，往上提着。钩住劲儿以后，用肩胯往前领，向前、向上拎，一点儿一点儿地拎。拎后腿跟倒重心是一个道理。

用肩胯提拎后腿，往前提的时候，一定想着能回去，而且，动的幅度越小越好。提拎一毫米就能回去，刚动起来就有回去的意思，仿佛忘了动与不动，好似在动与不动之间徘徊。

用肩胯提拎俩脚脖子，使其贴在一块儿，这就是磨胫状态。后腿在犹犹豫豫的状态下向前、向上，提成一个金鸡独立的姿势。腿尽量往上抬，抬得越高越好，抬到最大程度。

（3）用异侧肩胯将腿踢出去

肩胯向前提腿，是用同侧肩胯；踢腿则用异侧肩胯。站立的时候是右腿后、左腿前，之后身体重心倒到左腿上，因此用肩胯提拎右腿的时候，用的是右肩右胯提右腿，然后形成金鸡独立式的磨胫。此后又往前踢的时候，则用左肩左胯把右腿送出去。腿往前踢的时候，踢出多少就要能回来多少，比如踢出一厘米，就要能回来一厘米。如果踢出一厘米，觉得回不来了，那就原地不动，什么时候觉得能回来了再往前踢。这就是用异侧胯将腿踢出去。

222

（4）后腿踢出去后踩下去变前腿，左肩跟左胯带着右腿往下踩

用左肩跟左胯将右腿踢出去后，就往下踩——用左肩跟左胯带着右腿往下踩。往下踩的时候，要留意能不能提拎回来，如果觉得能提拎回来，就接着往下踩；如果觉得提不回来了，就停在那儿别动，成站桩。就这样慢慢地往下踩，用左肩跟左胯带动右腿踩下去。

（5）后腿变前腿，倒重心，完成整步

用左肩左胯带着右腿踩到底，右腿变成前腿落地。重心在后腿（左腿）上，成"后九前一"，这时又该倒重心了，从后腿（左腿）开始往前倒，慢慢往前走，左肩左胯用力。重心倒到右腿上时，再抬左腿，用左肩左胯带着左腿形成金鸡独立的"磨胫步"姿势。这就完成了一个整步。

释义三十二：步法在各种拳术中都占举足轻重的地位，如何在有限的时间内协调好桩功、试力、步法的练习？

"步法在各种拳术中都占举足轻重的地位"，说这句话的人不懂步法。

步法的好坏取决于站桩，站桩就是练步法。大体上说，步法就三种：快步，寸步，整步。

什么叫快步？你站在那儿，前脚往前一挪，后脚跟不上，这是快步。

什么叫寸步？你站在那儿，前脚往前一挪，后脚往前一跟，这是寸步。

什么叫整步？你站在那儿，后脚跟摩擦步似的，经过磨胫，后脚变成了前脚，再伸出去、落地，这是整步。

这三种步法，从外表看是三个动作。如果不练内力，只练这个动作，是很简单的。如果是舞蹈演员，十分钟就学会了。因此，最关键的是要练出内力来，要练整了。

比如两人一搭手，脚下用一个寸步，前脚一迈后脚一跟，就是这么一个动作，必须搭上手以后才能做到。上步的力跟手上的力是一回事，关键是要练整。

比如，茶壶紧挨着茶杯，你拿着茶壶把手，往前一推，茶壶嘴和茶杯一碰。这力的来源是你手里攥着的茶壶把手，同时茶壶嘴跟茶壶把手是一体的，是整的。在这里，茶壶嘴相当于手，茶壶肚相当于身，茶壶把手相当于腿。你腿上一发力，发到手上去，手、身子、腿成一整体。整了以后，这个力才有步法，步法也才能用得上。

再比如说，用拳头往人胸口上打，手在接触对方胸口的一瞬间，是身体在发力，这就是身法。用胳膊发力也行，手腕、手指头、肘、肩同时都能争，这属于手法。

步法是最难的。用枪法举例，俩人搭着枪的时候，手上发力夺中，这时用一个快步，后脚上前去变成前脚，这叫整步。寸步、快步和整步，这三种步子统称步法。"拳打三节不见形，若见形影不为能"，步法要想在技击时使出来，需要把三节练整。

比如说打沙袋时用身子发力，这是没有形的，别人是看不出来的，只有自己知道。但是力能打进去，能打透。

步法虽然有三种形式，但是在实战中，因为上边用手逼着夺中，俩人搭上手之后才运用步法，这步法的力对方是看不见的，所以叫明拳暗腿。

步法是很难练的。即使你站十年桩，每天站两个小时，都不能保证你把步法练会。但是，如果你站得正确，而且比较用功、比较顺利，坚持站十年，身法和手法起码能会一个。

要想把中国武术真正的步法练出来，起码得站十年桩；没有站够十年桩，步法免谈。没有站够十年桩，三节、四梢都弄不明白，手法、身法、步法，也明白不了。

现在练拳的人，第一没有手法，第二没有身法，第三没有步法。有很多人练的步法像舞蹈，在我眼里这些都不是步法。如果有人要我在书上签名，我会签这句话——桩是拳之纲，纲举目张。

附录

《大成拳论》原文

拳道之大，实为民族精神之需要，学术之国本，人生哲学之基础，社会教育之命脉。其使命要在修正人心，抒发情感，改造生理，发挥良能，使学者神明体健，利国利群，固不专重技击一端也。若能完成其使命，则可谓之拳，否则是异端耳。习异拳如饮鸩毒，其害不可胜言也。

余素以立己立人为怀，触目痛心，不忍坐视，本四十余年习拳经验，探其真义之所在，参以学理，证以体认，祛其弊，发其秘，舍短取长，去伪存真，融会贯通，以发扬而光大之，另成一种特殊拳学。而友人多试之甜蜜，习之愉快，因金（"金"同"签"，编者注）以"大成"二字名吾拳，欲却之而无从也，随听之而已。

今夫本拳之所重者，在精神，在意感，在自然力之修炼。统而言之，使人身与大气相应合；分而言之，以宇宙之原则原理为本，养成神圆力方，形屈意直，虚实无定，锻成触觉活力之本能。以言其体，则无力不具；以言其用，则有感即应。以视彼一般拳学家尚形式、重方法、讲蛮力者，固不可相提并论也。诚以一般拳家，多因注重形式与方法，而演成各种繁冗、畸形怪状之拳套；更因讲求蛮力之增进而操各项激烈运动，误传误受，自尚以为得意者，殊不知尽是戕生运动，其神经、肢体、器官、筋肉已受其摧残而致颓废，安能望其完成拳道之使命乎？

余虽不敢谓本拳为无上之学，若以现代及过去论，信他所无而我独有也。学术理应一代高过一代，否则错误，当无存在之必要矣。余深信拳学适于神经肢体之锻炼，方能因而益智，尤适于筋肉之温养、血液之滋荣，更使呼吸舒畅，肺量增强，而本能之力亦随之而渐长，以实现一触即发之功能。至于致力之要，用功之法，统于篇内述之，兹不赘述。但此篇原为同志习拳较易而设，非问世之文者比也。盖因余年已老，大家迫求，只得以留惊鸿爪影于雪泥中寻之，仅将平日所学拉杂记载留作参考。将来人手一篇，领会较易。但余素以求知为职志，果有海内贤达，对本拳予以指正，或进而教之，则尤感焉。以一得之愚，得藉（今为"借"，编者注）他山之石而日有进益。日后望从学诸生虚心博访，一方面尽量问难，另一方面尽力发挥，倘有心得，希随时共同研究，以求博得精奥，而期福利人群，提高国民体育之水准，实为盼甚，否则毫无价值也。如此提高而不果，是吾辈之精神不笃，或智力未符故耳。夫学术本为人类所共有，余亦何人，而敢自秘？所以不揣简陋（今多作"不揣谫陋"，编者注），努力而成是篇。余不文，对本拳之精微之处，难以阐发净尽，所写者，仅不过目录而已，实难形容其底蕴，以详吾胸中之事矣。一隅三反，是在学者。余因爱道之诚，情绪之热，遂不免言论之激，失之狂放，知我罪我，笑骂由人。

习拳述要

近世操拳学者，多以筋肉之暴露、坚硬夸示人前，以为运动家之表现。殊不知此畸形发达之现象，既碍卫生，更无他用，最为生理家所禁忌，毫无运动之价值也。近年以来，余于报端曾一再指摘其非，虽有一般明理之士，咸表同情，而大都仍是庸俗愚昧，忍心害理，尤其信口诋人，此真不齿，故终不免诸多衔怨者。大凡从来独抱绝学，为人类谋福利者，与极忠诚之士和聪明绝顶者，社会从来鲜有谅解。水准之低，概可想见。余为拳道之永久计，实不敢顾其私，希海内贤达共谅鉴之。

按拳道之由来，原系采禽兽搏斗之长，象其形，会其意，逐渐演进，合精神假借一切法则，始汇成斯技。奈近代拳家，形都不似，更何有益于精神与意感乎？然亦有云，用力则滞，用意则灵之说，询其所以，则又瞠然莫辩。用力则筋肉滞而百骸不灵，且不卫生，此固然矣。然在技击方面言之，用力则力穷，用法则术罄，凡用方法，便是局部，便是后天之人造，非本能之学也。且精神便不能统一，用力亦不笃，更不能假以宇宙力之呼应，其神经已受其范围之所限，动作似裹足而不前矣。且用力乃是抵抗之变象，抵抗是由畏敌击出而起，如此岂非接受对方之击，则又安得不为人击中乎？用力之害，诚大矣哉。

要知用力用意乃同出于一气之源，互根为之，用意即是用力，意即力也。然非筋肉凝紧注血之力谓之力，若非用意支配全体之筋肉松和，永不能得伸缩自如、遒放致用之活力也。既不能有自然之活力，其养生与应用，吾不知其由何可以得。要知意自形生，形随意转；意为力之帅，力为意之军。所谓意紧力松，筋肉空灵，毛发飞长，骨生锋棱，非此不能得意中力之自然天趣。

本拳在二十年前曾一度有"意拳"之名，举"意"字以概精神，盖即本拳重意感与精神之义也。原期唤醒同人，使之顾名思义，觉悟其非，而正鹄是趋。孰知一般拳家各怀私见，积重难返，多不肯平心静气，舍短取长，研讨是非之所在，情甘抱残守阙（"阙"同"缺"，编者注）。奈何！奈何！遂致余愿无由得偿，吁可慨也。余之智力所及，绝不甘随波逐流，使我拳道真义永坠沉沦。且犹不时大声疾呼，冀以振其麻痹而发猛醒，此又区区之诚，不能自已者也。

论信条与规守

拳学一道，不仅锻炼肢体，尚有重要深意存焉。就传统言，首重德性，其应遵守之信条，如尊师敬长，重亲孝长，信义仁爱等皆是也。此外更须有侠骨佛心之热诚、舍己从人之蓄志，苟不具备，即不得谓拳家之上选。至于浑厚深沉之气概、坚忍果决之精神、抒发人类之情感、敏捷英勇之资质，尤为学者所必备之根本要义，否则恐难得传；即传之，则亦难能得其神髓矣。

故先辈每于传人之际，必再三审慎行之者。盖因人材难得，不肯轻录门墙。至其传受之程序，率皆先以四容五要为本，即头直、目正、神庄、声静，再以"恭、慎、意、切、和"五字诀示之。兹将五字诀歌解列后，以释其意：

习拳即入门，首要尊师亲。尚友须重义，武德更谨遵。

动则如龙虎，静犹古佛心。举止宜恭慎，如同会大宾。

恭则神不散，慎如深渊临。假借无穷意，精满混元身。

虚无求实切，不失中和均。力感如透电，所学与日深。

运声由内转，音韵似龙吟。恭慎意切和，五字秘诀分。

见性明理后，反向身外寻。莫被法理拘，更勿终学人。

论单双重与不着象

以拳道之原则原理论，勿论平时练习，抑或技击之中，须保持全身之均整，使之毫不偏倚。凡有些微不平衡，即为形着象，力亦破体也。盖神、形、意、力皆不许着象，一着象便是片面，既不卫生，且易为人所乘，学者宜谨记之。夫均衡，非呆板也。稍板，则易犯双重之病。然尤不许过灵，过灵则易趋于华而不实也。须要全体舒放，屈折含蓄。如发力时，亦不许断续，所谓力不亡者是也。

盖双重非专指两足部位而言，头，手，肩，肘，膝，胯，以及大小关节，即一点细微之力，都有单双、松紧、虚实、轻重之别。今之拳家，大都由片面之单重走入绝对之双重，更由绝对之双重而趋于僵死之途。甚矣！单双重之学愈久而愈湮也。就以今之各家拳谱论，亦都根本失当，况其作者尽是露形犯规而大破其体者，所有姿势诚荒天下之唐，麻世人之肉矣！愈习之，则愈去拳道之门径而远甚。不着象而成死板，一着象则散乱无章。纵然身遇单重之妙，因无能领略，此亦无异于双重也。非弄到不舒适，不自然，百骸失灵而为止，是以不得不走入刻板方法之途径，永无随机而动，变化无方，更无发挥良能之日矣。咦！此诚可怜之甚也。

至于神与意之不着象，乃非应用触觉良能之活力，不足以证明之。譬如双方决斗，利害当前，间不容发，已接未触之时，尚不知应用者为何；解决之后，复不知适间所用者为何。所谓不期然而然，莫知至而至，又谓极中致和，本能力之自动良能者也。

抽象虚实有无体认

习拳入手之法，非只一端，而其结晶之妙，则全在于神、形、意、力之运用，互为一致。此种运用，都视之无形，听之无声，无体亦无象。就以有形而论，其势如空中之旗，飘摆无定，唯风力是应，即所谓与大气之应合。又如浪中之鱼，起伏无方，纵横往还，以听其触，只有一片相机而动，应感而发和虚灵守默之含蓄精神。要在以虚无而度其有，亦以有处而揣其无。诚与老庄佛释无为而有为，万法皆空即为实相。一切学理多称谨似；又如倪黄作画，各以峭逸之笔，孤行天壤，堪并论也。其机其趣，完全在于无形神似之间，度其意以求之。所以习拳时有对镜操作之戒者，恐一求形似，则内虚而神败矣。

习时须假定三尺以外，七尺之内，四围如有大刀阔斧之巨敌，与毒蛇猛兽蜿蜒而来，其共争生存之情景，须当以大无畏之精神而应付之，以求虚中之实也。如一旦大敌林立，在我如入无人之境以周旋之，则为实中求虚。要在平日操存体认涵蓄修养，总之都是由抽象中得来，所谓但求神意足，不求形骸似，更不许存有对象，而解脱一切者是也。

切记，习时要慢，而神宜速。手不空出，意不空回。即些微细小之点力动作，亦须具体无微而不应，内外相连，虚实相依，而为一贯。须要无时无处不含有应付技击之本能。倘一求速，则一切经过之路径滑然而过，再由何得其体认之作用乎？故初学时，须要以站桩为本，渐渐体会而后行之。总之须要神、形、意、力成为一贯，亦须四心相合，顶心、本心、手心、足心，神经统一，一动无不动，无微而不合，四体百骸，悉在其中，不执着，不停断，与大气之呼应，各点力之松紧，互以为用，庶乎可矣。离开己身，无物可求，执着己身，永无是处，旨哉斯言。细心体会，自不难窥拳道之堂奥也矣。

总纲

拳本服膺，推名大成。平易近人，理趣丛生。一法不立，无法不容。拳本无法，有法也空。存理变质，陶冶性灵，信义仁勇，悉在其中。力任自然，矫健犹龙。吐纳灵源，体会功能，不即不离，礼让谦恭。力合宇宙，发挥良能。持环得枢，机变无形。收视听内，锻炼神经。动如怒虎，静似蛰龙。神犹雾豹，力若犀行。蓄灵守默，应感无穷。

歌要

古人多以歌诀之法，以为教授工具，谨师其意，略加变更，特编歌诀刊后，以饷（同"飨"，编者注）学者。

拳道极微细，勿以小道视，开辟首重武，学术始于此。

当代多失传，荒唐无边际，拳道基服膺，无长不汇集。

切志倡拳学，欲复古元始，铭心究理性，技击乃其次。

要知拳真髓，首由站桩起，意在宇宙间，体认学试力。

百骸撑均衡，曲折有面积，仿佛起云端，呼吸静长细。

舒适更悠扬，形象若疯痴，绝缘摒杂念，敛神听微雨。

满身空灵意，不容粘毫羽，有形似流水，无形如大气。

神绵犹如醉，悠然水中浴，默对向天空，虚灵须定意。

洪炉大冶身，陶熔物不计，神机自内变，调息听静虚。

守静如处女，动似蛰龙举，力松意须紧，毛发势如戟。

筋肉遒欲放，支点力滚丝，螺旋力无形，遍体弹簧似。

关节若机轮，揣摩意中力，筋肉似惊蛇，履步风卷席。

纵横起巨波，若鲸游旋势，顶上力空灵，身如绳吊系。

两目神凝敛，两耳听静极，小腹应常圆，胸间微含蓄。

指端力透电，骨节锋棱起，神态似猿捷，足踏如猫距。

一触即爆发，炸力无断续，学者莫好奇，平易生天趣。
神动似山飞，运力如海溢，返婴寻天籁，躯柔似童浴，
勿忘勿助长，升堂渐入室。如若论应敌，拳道微末技，
首先力均整，枢纽不偏倚。动静互为根，精神多暗示，
路线踏重心，松紧不滑滞。旋转紧稳准，钩错互用宜。
利钝智或愚，切审对方意。随曲忽就伸，虚实自转移，
蓄力如弓满，着敌似电急。鹰瞻虎视威，足腕如兜泥，
鹘落与龙潜，浑身尽争力。蓄意肯忍狠，胆大心更细，
劈缠钻裹横，接触揣时机。习之若恒久，不期自然至，
变化形无形，周旋意无意。叱咤走风云，包罗小天地，
若从迹象比，老庄与佛释。班马古文章，右军钟张字，
大李王维画，玄妙颇相似。造诣何能尔，善养吾浩气，
总之尽抽象，精神须切实。

练习步骤

本拳之基础练习即为站桩，其效用在能锻炼神经，调剂呼吸，通畅血液，舒和筋肉，诚养生强身益智之学也，亦为卫生运动。其次为试力、试声、假想、体认各法则。再次为自卫，与大气之呼应和气波之松紧，良能之察觉，虚实之互根之切要。兹将各阶段逐述于后。

1.站桩

站桩，即立稳平均之站立也。初习为基本桩，习时须先将全体之间架配备安排妥当，内清虚而外脱换，松和自然，头直、目正、身端、顶竖、神庄、力均、气静、息平，意念

放大，发挺腰松，周身关节似有微曲之意，扫除万虑，默对长空，内念不外游，外缘不内侵，以神光朗照巅顶，虚灵独存，浑身毛发有长伸直竖之势，周身内外激荡回旋，觉如云端宝树，上有绳吊系，下有木支撑，其悠扬相依之神情，喻曰空气游泳殊近似也。然后再体会肌肉细胞动荡之情态，锻炼有得，自知为正常活动。

夫所谓正常者，即合乎改造生理之要道，能使贫血者，可以增血，血压高者，能使其可以下降而达正常。盖因其无论如何运动，永使心脏之搏动不失常态，平衡发达，正常工作。然在精神方面，须视此身如大冶洪炉，无物不在陶熔体认中。同时须察觉各种细胞为自然之同时工作，不得有丝毫勉强，更不许有幻想。

234

如依上述之锻炼，则全身之筋肉，不锻而自锻，神经不养而自养，周身舒畅，气质亦随之而逐渐变化，其本能自然之力，由内而外，自不难渐渐发达。但切记，身心不可用力，否则稍有注血，便失松和。不松则气滞而力板，意停而神断，全体皆非矣。总之，无论站桩与试力，或技击，只要呼吸一失常，或横膈膜一发紧，便是错误。愿学者慎行之。万勿忽视。假想体认括述其内，不单独再论。

2.试力

以上基本练习，有相当基础后，一切良能之发展，当日益增强，则应继续学试力功夫，体认各项力量之神情，以期真实效用。

此项练习，为拳中之最重要，最困难之一部分工作。盖试力为得力之由，力由试而得知，更由知始能得其所以用。

习时须使身体均整，筋肉空灵，思周身毛孔，无不有穿堂风往还之感。然骨骼毛发皆支撑遒放，争敛互为。动愈微而神愈全，慢优于快，缓胜于急，欲行而又止，欲止而又行，更有行乎不得不止，止乎不得不行之意，以体认全体之意力圆满否，其意力能随时随地、应感而出否，全身能与宇宙之力应合否，假借之力果能成为事实否。欲与宇宙力起应合，须先与大气发生感觉，感觉之后渐渐呼应，再试力波之松紧，与地心争力作用。

习时须体会空气阻力何似，我即用与阻力相等之力量，与之应合，于是所用之力自然无过，亦无不及。初试以手行之，逐渐以全体行之，能认识此中之力，良能渐发，操之有恒，自有不可思议之妙，而各项力量，亦不难入手而得。

至于意不使断，灵不使散，浑噩一体，动微处触牵全身，上下左右前后，不忘不失，非达到舒适得力，奇趣横生之境地，不足曰得拳之妙也。

所试各力名称甚繁：如蓄力、弹力、惊力、开合力，以及重速、定中、缠绵、撑抱、惰性、三角、螺旋、杠杆、轮轴、滑车、斜面等各种力量，亦自然由试而得知。

盖全体关节，无微不含屈势，同时亦无节不含放纵与开展，所谓遒放互为，无节不成钝形三角，且无平面积，尤无固定之三角形（不过与器械之名同而法异，盖拳中之力，都是精神方面体认而得知。形则微矣）。表面观之形似不动，而三角之螺旋，实自轮旋不定，错综不已。要知有形则力散，无形则神聚，非自身领略之后不能知也。

盖螺旋力以余之体认观之，非由三角力不得产生者也。而所有一切力量，都是筋肉动荡与精神假想相互而为，皆有密切连带之关系，若分而言之，则又走入方法之门，成为片面耳。所以非口传心授未易有得，更非毫端所能形容，故不必详述也。

总之，一切力量都是精神之集结紧密，内外含蓄，一致而为用。若单独而论，则成为有形破体机械之拳道，非精神意义之拳也。余据四十余年体会操存之经验，倍感各项力量都由混元阔大、空洞无我产生而来，然混元空洞，亦都由细微之棱角渐渐体会，方能有得。

是以吾感天地间一切学术，无一不矛盾，无一不圆融。统一矛盾，始能融会贯通，方可利用其分工合作，否则不易明理。

至于用力之法，浑噩之要，绝不在形式之好坏，尤不在姿势之繁简，要在神经支配之大意和意念之领导，与全体内外之工作如何。动作时，在形式方面不论单出双回，齐出独进，横走竖撞，正斜互争，浑身之节点、面、线一切法则，无微不有先后、轻重、松紧之别。

但须形不外露，力不出尖，亦无断续，更不许有轻重方向之感。不论试力或发力，须保持全体松和，发力含蓄而有听力，以待其触，神宜内敛，骨宜藏棱，要在体外三尺以内似有一层罗网包护之，而包罗之内，尽如刀叉勾错，并蓄有万弩待发之势。

然都在毛发筋肉伸缩拨转，全身内外无微不有滚珠起棱之感，他如虚无假借种种无穷之力，言之太繁，姑不具论，学者神而明之。

以上各力，果身得之后，切莫以为习拳之道已毕，此不过仅得些资本而已，而始有学拳之可能性。若动则即能"松紧紧松勿过正，虚实实虚得中平"之中枢诀要，则又非久经大敌，实作通家，不易得也。

然则须绝顶天资，过人气度，尤须功力笃纯，方可逐渐不加思索，不烦拟意，不期然而然，莫知至而至，本能触觉之活力也。具体极细微之点力，亦须切忌无的放矢之动作，然又非做到全体无的放矢而不可，否则难得其妙。

3. 试声

试声，为补助试力之细微所不及，其效力在运用声之音波鼓荡全体之细胞工作，其原意不在威吓，而闻之者，则起卒然惊恐之感。实因其声力并发，与徒作喊声，意在威吓者不同。

试声时口内之气，不得外吐，乃运用声由内转功夫，初试求有声，渐以有声而变无声。盖人之声各异，唯试声之声，世人皆同。

其声如幽谷撞钟之声相似，故老辈云：试声如黄钟大吕之木，非笔墨毫端所能形容。须使学者，观其神，度其理，闻其声，揣其意，然后以试其声力之情态，方能有得。

4. 自卫

自卫，即技击之谓也，须知大动不如小动，小动不如不动，要知不动才是生生不已之动。譬如机械之轮，或儿童之捻转儿，快到极处，形似不动，如观之已动，则是将不动，无力之表现矣。

所谓不动之动，速于动，极速之动犹不动，一动一静互根为用，其运用之妙，多在于神经支配，意念领导与呼吸之弹力，枢纽之稳固，路线之转移，重心之变换，以上诸法，若能用之得机适当，则技击之基础备矣。

亦须在平日养成，随时随地，一举手一投足，皆含有应机而发之准备，要在虚灵含蓄中，意感无穷，方是贵也。

然在学者于打法一道，虽无足深究，亦似有须要必经之过程，如对方呆板紧滞，且时刻表现其重心，路线部位之所在，则无足论。倘动作迅速，身无定位，而活若猿捷，更不必曰各项力之具备者，就以其运动之速，则亦非一般所能应付。故平日对于打法，亦应加以研讨，习时首应锻炼，下腹充实，臀部力稳。头、手、肩、肘、胯、膝、足，各有打法。

至于提打、钩打、按打、挂打、锯打、钻打、搓打、拂打、叠打、错打、裹打、践打、截打、堵打、攉打、拨打、滚力打、支力打、滑力打、粘力打、圈步打、引步打、进步打、退步打、顺步打、横步打、整步打、半步打、斜面正打、正面斜打、具体之片面打、局部之整个打、上下卷打、左右领打、内外领打、前后旋打，力断意不断，意断神犹连，动静已发未发之时机和一切暗示打法，虽系局部，若非实地练习，亦不易得，然终是下乘功夫，如聪明智慧者，则无须习此。

5. 技击桩法

技击桩与基本桩神形稍异，然仍依原则以为本，步如八字形，亦名丁八步，又为半丁八之弓箭步也。两足重量前三后七，两臂撑抱之力内七外三，何时发力，力始平均，平衡之后仍须还原。如枪炮之弹簧，伸缩不断之意也。

手足应变之距离，长不过尺，短不逾寸，前后左右互换无穷，操之愈熟，愈感其妙。至于松紧沉实之利用、柔静惊弹之揣摩、路径之远近、间架之配备、发力之虚实、宇宙之力波，以及利用时间之机会，都须逐渐研讨拳学之整个问题。在平时，须假定虎豹当前，蓄势对搏，力争生存之境况，此技击入手之初不二法门，亦为最初之法则。

兹再申述神、意、力三者之运用：

1. 神意之应用

技击之站桩，身体空灵均整、精神饱满、神犹雾豹、意若灵犀，具有烈马奔放、神龙嘶噬之势。

头顶项竖、顶心暗缩，周身鼓舞，四外牵连，足趾抓地，双膝撑拨，力向上提，足跟微起，有如飓风卷树，思有拔地欲飞，拧摆横摇之势。而具体则有撑裹竖涨、毛发如戟之力，上下枢纽，曲折百绕，垂线自乘，其抽拔之力，要与天地相争，肩撑肘横，裹卷回还，拨旋无已，上兜下坠，推抱互为，永不失平衡均整之力，指端斜插，左右钩拧，外翻内裹，有推动山岳地球之感。

筋肉含力，骨节生棱，具体收敛。跃跃思动，含蓄吞吐，运力纵横，两肩开合，拧裹直前，有横滚推错兜卷之力，毛发森立，背竖腰直，小腹常圆，胸部微收。

动则如怒虎搜山，山林欲崩之状，全体若灵蛇惊变之态，亦犹似火烧身之急，更有蛰龙振电直飞之神气。尤感筋肉激荡，力如火药手如弹，神机微动雀难飞，颇似有神助之勇焉。

故凡遇之物，则神意一交，如网天罗，无物能逃。如雷霆之鼓舞鳞甲，雪霜之肃草木，且其发动之神速，更无物可以喻之，是以余将此种神意运动，命名之曰"超速运动"，言其速度之快，超出一切速度之上也。以上所言多系抽象，而精神方面，须切实为之，以免流入虚幻。

2. 力之运用

神意之外，力之运用更为切要。但系良能之力，非片面力也。唯大部分须试力上求之。

习时先由节段、面积之偏倚而求力量之均整，继由点力之均整，揣摩虚实之偏倚，复由偏倚之松紧，以试发力之适当，更由适当之发力，利用神光离合之旋绕，与波浪弹力之锋棱，再以浑身毛发有出寻问路之状，而期一触即发之功能。

且时时准备技击之攻守，亦时刻运用和大敌之周旋，尤须注意发力所击之要点，万不可无的放矢。见虚不击击实处，要知实处正是虚；虚实转移枢纽处，若非久历永不知；混击蛮打亦有益，须看对手他是谁；正面微转即斜面，斜面迎击正可摧。勤习勿懈力搜求，恭慎意切静揣思。

技击在性命相搏一方面言之，则为决斗，决斗则无道义，更须抱定肯、忍、狠、谨、稳、准之六字诀要，且与对方抱有同死决心。若击之不中，自不能击，动则便能致其死，方可击之，其决心如此，自无不胜。此指势均力敌者而言。如技能稍逊，不妨让之。若在同道相访，较试身手方面言之，则为较量，较量为友谊研讨性质，与决斗不同，须首重道义，尤须观察对方之能力何似，倘相去远，则须完全让之，使其畏威怀德为切要。

较量之先，须以礼让当先，言词应和蔼，举动要有礼度，万不可骄横、狂燥（今写作"躁"，编者注），有伤和雅。夫而后武德可以渐复，古道可以常存，实我拳道无尚光荣，则余有后望焉。

论拳套与方法

拳之深邃，本无穷尽，纵学者颖悟绝世，更具有笃信力行精神，终身习行，亦难究其极。

拳套与方法，人造之拳架子是也。由清三百年来，为一般门外之汉，当差表演而用，即拳混子谋生之工具。果欲研拳者，何暇而习此，非但毫无用处，且于神经肢体与脑力，诸多妨碍，戕害具体一切良能。习此者，鲜有智识，而于应用，尤不适合，且害处极多，笔墨难罄。对于拳之使命，卫生原则相距太远，根本不谈。对于较技，设不用方法拳套，而蛮干混击，或不致败，倘或用之，则必败无疑。

至谓五行生克之论，则尤妄甚。在决斗胜负一瞬之间，何暇思考？若以目之所见，一再思察，然后出手以应敌，鲜有不败者，生克之论，吾恐三尺幼童，亦难尽信，夫谁信之？可询之于决赛过者，自知吾言不谬也，见《汉书·洪范·五行志》，乃指政治人民，需要开发金、木、水、火、土应用而言，后经一般不学无识之辈，滥加采用，妄为伪造，致演为世之所谓五行生克之论，此不过为江湖者之流，信口云云而已，岂学者亦可以读此乎！

拳套一项，系人伪造，招势方法，是人作伪，皆非拳之原则，发挥本能之学。纵有纯笃之功夫，信专之坚忍，恒心毅力而为，然亦终归是舍精华而就糟粕。

拳学根本无法，亦可云无微不法，一有方法，精神便不能一致，力亦不笃，动作散慢不果速，一切不能统一，更有背于良能。所谓法者，乃原理原则之法，非枝节片面之方法而为法。习枝节之法，犹之乎庸医然也，所学者，都是备妥药方以待患者，而患者则须按方患病，否则无所施其技矣。

凡以拳套方法而为拳，是不啻以蛇神牛鬼之说乱大道，皆拳道之罪人也。叹今之学者，纵有精研之志，苦无入径之门，故余不顾一切，誓必道破其非。夫拳套方法既毫无用途而且有害，何传者、习者尚不乏人者，何也？概因此中人，大都知识薄弱，故多好奇喜异，即告之以真，彼亦难悟，悟亦难行。

盖习之者，假拳套方法，眩人而夸世。传之者，更以拳套方法能欺人，且尤能藉（今作"借"，编者注）此以消磨时日而便于谋生，根本不识拳为何物者，故相率而以误遗误，永无止境，诚可怜、可笑，亦复可气也。余实不忍目睹同好走入迷途浩劫而不救，故不惜本人多年体认及实地之经验，所得所知，反复申论，以正其妄，而期唤醒一切爱好拳道者，勿复执迷不悟也。

噫！岂仅拳之一道，吾感一切学术，大都亦是畸形发展，思之好不令人心痛哉！大凡天地间之高深学术，皆形简意繁，而形式繁杂者，绝少精义，固不仅拳道然也，愿同志三思之。

论拳与器械之关系

古云：拳成兵器就，莫专习刀枪。

若能获得拳中之真理，复对各项力之功能，与节段、面积之屈折，长短斜正之虚实，三段九节之功用，路线高低之方向和接触时间之火候，果能意领神会，则勿论刀枪剑棍，种种兵器，稍加指点，俱无不精，即偶遇从无见闻之兵器，且执于使用该兵器专家之手，彼亦不敌，何则，譬如工程师比小炉匠，医博士比护士，无可比拟。

论点穴

点穴之说，世人都以为奇，有云点穴道者，有云时间者，其种种纷论不已，闻之，令人生厌而欲呕，所论皆非也。

盖双方较技，势均力敌，不必曰固定之穴不易击中，即不论何处击中亦很难，如仅以某穴之可点，再加以时间之核对，则早已为对方击破矣。

总之，若无拳术之根本能力，纵使其任意戳点，亦无所施其技，即幸而点中亦无效果。若已得拳中之真实功力，则无论两肋前胸之某一部位，一被击中，立能致死。非有意点穴，而所至之处，则无处非穴，若仅学某处是穴，某时可点，其道不愈疏远乎。

天赋与学术之别

世人常云："某甲身高八尺，力逾千斤，其勇不可挡。"要知身长八尺，力逾千斤，只可谓得天独厚，不得以代表拳学也。

又云："某一拳击断巨磨石，单拳劈碎八块砖，及前纵一丈，后跃八尺。"果能如此，仅不过愚人局部功夫耳，则必将走入废人途径。此且不谈，然者不得以拳道目之。

如上所谈，世人都以为特殊奇士，若与通家遇，则毫无能为。

至论飞檐走壁剑侠之说，此皆小说家梦想假造，只可付之一笑，如开石头过刀枪乃江湖中所谓"吃托"之流，此下而又下，不值一道。

解除神秘

每有天资低而学识浅者，其为人忠诚，然已承师教，且有深造独专绝大纯笃之功夫，虽系局部，但人多不及，听其言论之玄妙，观其效用之功能，识别浅者，即以为人莫能此，便以为神秘视之。

神秘之说根本荒谬，概由智识薄弱，鉴别力浅及体认未精而起，即或偶尔侥幸得到拳中真义，奈无能领略，而莫然放过，所以每以理趣较深者辄起一种神秘思想，若夫习之深，见广闻，理有所得，自然能豁然洞悉，而不疑有他。凡事皆然，岂独拳学哉。

知行解释

学术一道，在知而能行，行亦能知，否则终不免自欺欺人，妄语丛丛，言之多无边际。

"知行"二字虽简易，实则繁难。世云有谓"知难而行易"者，更有谓"知虽难而行尤不易"，与"知行合一，及事之本无难易"者，以上所谈各具有理，然究属笼统且多片面，不能使人彻底明了。

余以为凡对一门学问，有深刻之功力，亦有相当效果，而因智识所限，不能道其所以然者，皆可云知难行易；如识鉴富，功力深，知虽易而行亦不难；若有识别而无功力，则可谓知易行难；倘无功力又乏智识，则"知行"二字两不可能。

学术本无止境，其有若干知，或有若干行，行到如何地步，知到怎样程度，方为真知真行，则余实不敢加论定，然应以能知者即能行，能行者亦能知，始可谓知行一致，非由真知永无真行之一日，亦非由真行弗克有真知之时也。诚以相需而相成乃不二真理，学术皆然，武道尤甚。盖因此道中须时刻兑现，双方相遇，无暇思考，更不容老生常谈。

学术一道，首要明理，更须切实用功，若不先明理，不知用功切要之所在，易入歧途。功夫愈深，戕害愈烈。不论读书写字，任何艺术，往往在幼时多以为可造，岂知年长功深，名满天下者，反而不堪造就矣，此比比皆是。盖因师法不良，用功不细，追求表面，人学亦学，人云亦云，所谓盲从者是也。

若习而不果，则亦永无体认之可言，茫然一生，毫无实际，且易起神秘思想，终不得望见门墙，由是而馨其所学，以致终生无体认也。

哀哉！须知，巧者不过习者之门，文曰：子孙虽愚，读书不可免，亦要明理，更要实践，表里内外，互相佐之，否则终难入轨。

拳道丧失之原因

习拳之要，有三原则：一健身，一自卫，一利群。利群为吾人之天职，亦其基本要项。然一切之一切，则须完全由于身心健康中得来。不健康绝无充足之精神，精神不足永无可歌可泣之壮烈事迹。且不必曰杀身成仁，舍生取义，吾恐见人溺人或自缢，亦将畏缩而不前也。况路见不平拔刀相助哉？

不但此也，凡自身弱者，多气量小而情绪恶，是容物怡情，亦非身体健康不可也。健身为人生之本，习拳为健身之基，一切事业悉须赖之，其关系即如是之大，岂能任其以伪乱真，欺天下万世而不辨乎？

拳道之起初最简而后趋繁杂。夫拳道为改善生理之工具，发挥良能之要诀，由简入繁，则似可也；由繁而违背生理之原理原则，则不可。

形意拳当初有三拳，且三拳为一动作，所谓践钻裹，若马奔连环，一气演为三种力之合一作用也。至五行十二形亦包括在内，盖五行原为五种力之代名词。如十二形，乃谓十二种禽兽各有特长，应博取之，非单独有十二形及各种杂类之拳套也。

八卦拳亦如是，初只有单双换掌，后因识浅者流，未悉此中真义，竟妄为伪造，至演有六十四掌及七十二腿等伪式，非徒无益而尤有害。

太极拳流弊尤深，唯其害不烈于生理方面，尚不十分背谬，但一切姿势，亦毫不可取。如以该拳谱论，文字较雅，惜精义少而泛泛多，且大多有笼统之病。

总之，按近代所有拳术，根本谈不上养生与技击之当否，亦无一法合乎生理要求者。

余四十年足迹大江南北，所谓拳家有万千，从无见有一式而能得其均衡者，况精奥乎？夫拳本形简而意繁，且有终身习行而不能明其要义者，达至善境地，尤属凤毛鳞角，又况于此道根本不是者。

此非拳道之原理难明，实因一般人缺乏平易思想与坚强意志。降及今世，门户叠（"叠"同"迭"，编者注）出，招式方法多至不可名状。询其所以，曰博美观以备表演耳。习拳者若以悦人为目的，则何如舍习拳而演戏剧乎！且戏剧中尚有不少有本之处，较之一般拳家诚高一筹也。每闻今之习拳者，常与人曰能会若干套与几多手而自鸣得意，殊不知识者早已窃笑于旁，更为之可叹息不置也。

然则拳道之丧失，岂非拳套方法为之，历经三百年来相习即已成风，积重难返，下焉者流，推波助澜，致演为四象五行之说，九宫八卦之论以及河洛之学说者。凡荒唐玄奇之词尽量采用而附会，使学者不明真相，惑于瞽说而趋之若鹜。

拳道之原理，焉得不日就澌灭哉。此外尚有学得几套刀枪拳棍，欲假此而谋生，幸尔相遇巧合，其计获售。而因谋生之不遂者，认为有机可乘，争相效法，布满社会，此等行径不唯拳道之真义背弃无余，而尚义侠骨之风亦相与随之而废。

然其间不免有持达之士，能窥拳中之奥蕴者，惜又为积习成见所囿，不肯将所得精华径以示人，岂知汪洋之水，何患人掬，是何因所见之不广，其小之若是耶。

夫学术本为人类所共有，苟有所得，理应公诸社会，焉可以私付密授，使之湮没不彰乎。迩来更闻有依傍佛门，说神说鬼，妄言如何修道，如何遇仙，其荒诞不经，又如邪怪乱道之尤甚者，良可慨也。

夫今为科学昌明之时代，竟敢作此野狐之谬说，传之人口，布诸报端，此种庸愚昏聩之徒，真不知人间尚有羞耻之事矣。佛如有灵，不知对此流传谬种之类，作何感思欤？

世间求名谋生之道不止一端，何必利用社会弱点自欺欺人。余言及此，不禁为拳道悲，更为世道人心叹也。拳道之陵替，固应罪及康雍二帝，以其时倡之不以其道也。然亦归咎于同志智识不足，根性不良，以致为其所愚，迄今以误传误，而于此道都莫能识辨，即或间有觉悟者，又因保守门户之成见而是非人，遂愈趋而愈下也。

拳之一道，学之得当，有益身心，更可补助一切事业之不足；学之不当，能使品德、神经、肢体、性情都致失常，且影响生命，因而误及终身。

谓余不信，请看过去拳术名家，多因筋肉失和，而罹瘫痪下痿者，比比皆是，习拳原为养生，反而戕生，结果殊可怜也。世人多呼拳道为国粹，如此国粹，岂非制造废人之工具乎？民国十五年（1926）后，各地设有国术馆，以示其他各术皆不配称一"国"字也。

然则此丢人丧气毫无价值之国术，亦仅我国可见，但未悉个中尚有如此高明之奇士，能赐其伟大之命名。余不知其大胆若辈又作何想也。至论提倡运动的一般大人先生们，终日振臂高呼为天下倡，岂知运动健将都是提前死亡之领导者。

噫！何以盲从之若是耶！唯愿世人静夜慎思，须明辨之。人生最宝贵者，莫过于身体，岂能任一般盲目之支配信意摧残乎？甚矣！投师学技不可不慎也。

余之学拳，只知有是非之分，不知有门户之派别，为使拳术昌明，愿将平生所得所知交待后任，更愿社会群众无不知之，故有来则教，向视人类为骨肉，从不喜有师徒之称，以期逐渐扫除门派之观念，则拳道或可光大乎，是所愿也。

解除师徒制之商榷

师徒之制，誉为美德，然往往极美满之事，行之于我国则流弊丛生，丑态百出，而拳界为尤甚焉，故社会多以为不齿。

学之者，意若不拜师，难得其密；教之者，亦以不拜师不足以表现其亲，更不肯授之以要诀。尤而效之，习为固然。

噫，诚陋矣哉。姑不论肤浅者流，根本无技之可秘，即或有之，则彼密、此密、始密、终密，势必将拳道真义密之于乌有之乡矣。甚至门墙之内，亦自有其密而不传者，余实不解其故。

拳道之不彰，降至今日，异拳瞽说，变本加厉，盖拳道之真义，可云与人生大道同其凡常，亦可云与天地精微同样深奥，不明其道而习之，终身求道不可得。果以其道而习之，终身习行不能尽，又有何暇密之乎？

凡属人类，都应以民胞为怀，以饥溺自视，果如此而天下定，否则纵使世界人类死光，只余你一家存在，可谓自私之望已极，则又将如之何？吾恐人类之幸福永绝矣。

国民积弱，事事多不如人，病亦在于此也，而况学术为千古人类所共有之物，根本不应有界域之分，更不必曰一国之内，同族之中，不当有异视，即于他国别族，亦须皆抱大同，而学术更不当为国界所限也，熙熙然皆生于光天化日之下，又何可密之有？

是以余传授拳学一事，来者不拒，凡属同好，有来则教，教必尽力，有问则告，告必尽义，惶惶然唯恐人之不能得，或无以使人得也。故每于传授之际，有听而不悟，或悟而不见诸实行者，辄起憾然之恨。唯一见其知而能行，行而有得者，则又色然自喜，区区此心，一以慰人为慰，固未尝以师自居也。

盖以人之相与，尚精神、重感情，不在形式之称谓，果有真实学术授人，我虽不以师居而获其益者，谁不怀德附义而师事之。是师之名亡而实存也，又何损焉？若以异拳瞽说以欺世，明达者，一旦觉其妄，且将痛恶之不置，此又何师之有？师名虽存而实亡也。

师徒名分定，尊卑观念起。徒对师说即觉有不当，常恐有犯师之尊严而不敢背，即背之，而师为自保尊严计，亦痛加驳斥而不自反，此尚有何学术道义之可言？师徒制之无补拳道，可概见矣。又何况门派之争，常以师徒制之流行而益烈，入主出奴，纷纭扰攘，由师承而成门户，由门户而成派别，更由派别之分歧而至学理之庞杂，如此则拳道真义将永无昌明之日矣。其患不亦更甚乎？且学之有得，始乃有师。若叩头三千，呼师八万，而于学术根本茫然，是究不知其师之所在也。要知学术乃是宇宙神圣，公有师尊，此吾所以力主师徒制之解除也。

虽然此为余个人之见，而师徒制在拳界积习已久，如一时不遽除，为慎重计，则亦须俟双方学识品德，互有真切认识而后行之，籍（通"借"，编者注）免盲从扞格（应为"扦格"之误，编者注）之弊，似较为妥善也。

结论

习拳不尽在年限之远近、功力之深浅、身体及年龄之高下，更不在方法之多寡，动作之快慢，辈分之高低。要在于学术原则原理通与不通耳。尤须在天赋之精神有无真实力量，再度其才志之何似，始定其造诣之深浅，将来之成就至何境地也。

习拳最贵明理和精神有力。换言之，即有无兽性之笃力也，果能如是之力笃，再加之以修养，锻成神志清逸之大勇，自不难深入法海，博得道要，至通家而超神化之堂奥也。

夫所谓通家者，不仅精于一门，而于诸般学术闻其言便知其程度何似，是否正轨，有无实际，观其方法，一望而知其底蕴，或具体、或局部、或具体而微至用何法补救，自能一语道破，所谓"得其环中，以应无穷"。夫为教授者，能语人以规矩，不能示人巧，更不得为人工，是在学者精心模仿，体会操存，然后观察其功夫与精神合作之巧妙如何。

以上所谈为拳道，乃拳拳服膺谓之拳，亦即心领神会、体认操存之义，非世之所见一般为之拳也。

图书在版编目（CIP）数据

走近王芗斋：解析大成拳技击术 / 李荣玉著 .

北京：东方出版社 , 2024. 11. -- ISBN 978-7-5207-3985-6

I. G852.19

中国国家版本馆 CIP 数据核字第 2024B06W08 号

走近王芗斋：解析大成拳技击术

ZOUJIN WANGXIANGZHAI:JIEXI DACHENGQUAN JIJISHU

- -

作　　者：李荣玉

责任编辑：王　萌

出　　版：东方出版社

发　　行：人民东方出版传媒有限公司

地　　址：北京市东城区朝阳门内大街 166 号

邮　　编：100010

印　　刷：北京联兴盛业印刷股份有限公司

版　　次：2024 年 11 月第 1 版

印　　次：2024 年 11 月第 1 次印刷

开　　本：880 毫米 ×1230 毫米　1/32

印　　张：8.375

字　　数：150 千字

书　　号：ISBN 978-7-5207-3985-6

定　　价：42.00 元

发行电话：（010）85924663　85924644　85924641

- -